EL RECUERDO DE SÍ

Ninguno de ustedes ha advertido lo más importante
que les he señalado, es decir,
ninguno de ustedes se ha dado cuenta
de que no se recuerda a sí mismo...
Recuérdense a sí mismos siempre y en todo lugar.
George Gurdjieff

El esfuerzo de recordarse a sí mismo
es lo principal, porque sin él
lo demás no tiene valor alguno,
debe ser la base de todo.
Peter Ouspensky

Cuando empezamos a ver
que sólo podemos recordarnos a nosotros mismos
por pocos segundos cada vez,
nos parece que (esta recordación de sí mismo)
puede descuidarse, pero lo que debemos entender
es que es difícil precisamente
porque es el inicio de un *estado nuevo*.
Si fuera fácil, los resultados
serían inmediatos y entonces no podría
tener la importancia que tiene.
Rodney Collin

El recuerdo de sí es incomparable;
fue, es y siempre será,
la más grande maravilla del mundo,
y la única maravilla consciente.
Robert Burton

ROBERT EARL BURTON

EL RECUERDO DE SÍ

TERCERA EDICION

EDITORIAL
kier

Desde 1907 un sello positivo
para un mundo que merece serlo

133.901 35   Burton, Robert Earl
BUR   El recuerdo de sí.- 1ª. ed 3ª. reimp.-
             Buenos Aires : Kier, 2003.
             256 p. ; 23x16 cm.- (Horus)

             ISBN 950-17-0358-4

             I. Título - 1. Vidas Pasadas

Título original en inglés:
Self-Remembering
Diseño de tapa:
Graciela Goldsmidt
Composición tipográfica:
Cálamus
Correctora de pruebas:
Prof. Delia Arrizabalaga
LIBRO DE EDICION ARGENTINA
Queda hecho el depósito que marca la ley 11.723
© 2003 by Editorial Kier S.A., Buenos Aires
Av. Santa Fe 1260 (C 1059 ABT) Buenos Aires, Argentina
Tel: (54-11) 4811-0507   Fax: (54-11) 4811-3395
http://www.kier.com.ar - E-mail: info@kier.com.ar
Impreso en la Argentina
Printed in Argentina

Dedico este libro a mis amados estudiantes
—a los que viven y a los que han muerto—
que son más de los que podría pedir.
No podría pedir tanto.

Con amor, **Robert**

INTRODUCCIÓN

Hace veinticinco años, Robert Earl Burton fundó la Fraternidad de Amigos (Fellowship of Friends), una escuela de desarrollo espiritual en la tradición del Cuarto Camino, transmitida en este siglo por G. I. Gurdjieff y P. D. Ouspensky.

Místico greco-armenio y maestro de danzas sagradas, Gurdjieff redescubrió la tradición del Cuarto Camino durante largos viajes por Oriente, que le proveyeron la inspiración para su libro *Encuentros con Hombres Notables*. Tal vez sea mejor conocido por *Relatos de Belzebú a su nieto*. El principal discípulo de Gurdjieff, Ouspensky, llegó a ser un maestro por derecho propio y registró las ideas del Cuarto Camino en una serie de trabajos escritos con claridad y razonados con elegancia, entre los cuales se encuentran *El Cuarto Camino* y *Fragmentos de una Enseñanza Desconocida*, ambos publicados después de su muerte en 1947.

Una característica de las enseñanzas, tales como las exponen Gurdjieff y Ouspensky, es el uso de un lenguaje especializado para asegurar precisión y comprensión entre sus estudiantes. A algunas palabras ordinarias se les han dado nuevos significados, se recomienda a los lectores consultar el glosario al final del libro en el caso de que haya términos confusos o que no les resulten familiares.

Como el Cuarto Camino se basa en la verificación y la comprensión individuales, tanto como en la transmisión personal, cada maestro le da una nueva interpretación. La enseñanza de Robert Burton, a la vez que se fundamenta en el conocimiento transmitido por Gurdjieff y Ouspensky, se ha expandido para abarcar el legado de hombres y mujeres de todas las épocas y culturas que se han desarrollado espiritualmente, desde Marco Aurelio y San Pablo hasta Lao Tzé y Abraham Lincoln. Gurdjieff se acercó al Cuarto Camino a través del riguroso entrenamiento físico de sus danzas sagradas, y Ouspensky puso el énfasis en una disciplina intelectual igualmente rigurosa. Robert Burton hace hincapié en educar y disciplinar las emociones. Las cualidades singulares que ofrece a sus estudiantes incluyen un amor a la belleza y una comprensión de la capacidad que aquélla tiene de crear estados superiores de consciencia, una aceptación sin juicios de personas y acontecimientos tales como son y una profunda humildad y obediencia ante la inteligencia superior. "Si tuviera tres deseos", dijo una vez, "serían: que se haga Tu voluntad, que se haga Tu voluntad, que se haga Tu voluntad."

Quizás la máxima contribución de Robert Burton a la tradición del Cuarto Camino sea su infalible habilidad para asir la esencia de la enseñanza. Aunque el sistema ofrece una variedad de teorías, él se ha resistido a las tentaciones de desviarse de su aplicación suprema: la creación de una consciencia superior en sus estudiantes. Nunca ha dejado de repetir que este trabajo es simple, aunque no fácil. Del gran depósito de conocimiento en el Cuarto Camino, ha extraído y exaltado dos principios por encima de los demás: el recuerdo de sí y la transformación del sufrimiento.

El recuerdo de sí es el intento, en un momento específico,

de estar más consciente, más despierto, más PRESENTE. Es una forma de meditación activa que puede darse en cualquier momento y en cualquier situación, y en la cual el estudiante trabaja para estar consciente, simultáneamente, de sí mismo y de su entorno, en lugar de estar inmerso en su mundo interno o perdido en sus reacciones hacia los numerosos estímulos que lo rodean. Los repetidos esfuerzos por recordarse a sí mismo conducen a los estados superiores de consciencia y a una comprensión totalmente nueva del lugar de la humanidad en el universo. Esta lucha privada e interna por ser testigo de la propia vida es el proceso a través del cual se crea el alma.

Implacablemente, Robert Burton ha ubicado el recuerdo de sí en el corazón de su escuela. Si bien ha instado a sus estudiantes a experimentar lo mejor que la vida puede ofrecer y a desarrollar sus propios talentos y habilidades, nunca perdió de vista el hecho de que incluso el gran genio palidece ante la simple consciencia de que, como ha dicho a menudo, "no hay actividad más grande que la presencia en silencio".

La transformación del sufrimiento envuelve el aprender a usar toda experiencia o emoción negativa o penosa, grande o pequeña, para crear el recuerdo de sí. Este proceso requiere de un largo trabajo sobre el cambio de actitudes, de modo que el estudiante comprenda que la responsabilidad última por cualquier emoción negativa —enojo, irritación, miedo, autocompasión, etc.— descansa en el individuo más que en los acontecimientos que le sobrevienen. "Todos sufren, con o sin la escuela", ha dicho Robert Burton. "Estamos tratando de usar nuestro sufrimiento en lugar de ser usados por él."

Año tras año, los estudiantes de Robert Burton han llegado hasta él con sus preguntas, sus problemas, sus protestas. Año tras año, con una paciencia que no decae, ha enseñado que las únicas soluciones verdaderas para cualquier "problema" percibido residen en nuestros esfuerzos por recordarnos a nosotros mismos y transformar nuestro sufrimiento. Por más justificadas que sean nuestras quejas, por más injustos que sean los acontecimientos de nuestra vida, no tenemos otra alternativa más que abrazarlos por entero. Esta aceptación más amplia es la clave para la transformación real de las emociones negativas en consciencia superior, que crea la capacidad para el amor sin egoísmo y que es el verdadero significado tras toda enseñanza espiritual. Lo que el individuo gana a través de este proceso puede, entonces, irradiarse exteriormente para beneficio de otros. "Hay un secreto", dijo Robert Burton en una oportunidad, "que es casi demasiado sagrado para ser dicho. El secreto es: lo que uno gana, todos lo ganan."

Desde su fundación, la Fraternidad, establecida en el norte de California, ha crecido lenta y calladamente hasta incluir un número aproximado de dos mil miembros en centros de enseñanza alrededor del mundo (para una lista parcial de dichos centros, por favor, remitirse a la parte final del libro). Se espera sinceramente que esta obra no sirva sólo como un registro para los estudiantes de Robert Burton, sino también para introducir a otros a sus propias posibilidades espirituales.

Este libro es el resultado de esfuerzos realizados por numerosos miembros de la Fraternidad a lo largo de muchos años. No puede agradecerse a todos en particular, pero deben mencionarse especialmente las contribuciones de Elizabeth Evans, Linda Kaplan, Catherine Searle y Brunella Windsor.

Merecen también una expresión de gratitud Girard Haven, que emprendió la tarea de crear el glosario, y los traductores, que se afanaron por producir versiones fidedignas de este libro en varios idiomas.

JEANNE CHAPMAN

Apolo, California,
Otoño, 1994

EL RECUERDO DE SÍ

ESTAR PRESENTE

No hay milagro más grande que estar presente. Aquí todo comienza y nunca termina.

¿Qué significa la expresión estar presente? Significa que el sí mismo adormecido que hay en ti recuerda estar despierto.

Todo final es una ilusión, porque el presente es eterno. La simple historia de nuestra vida es estar presentes dondequiera que estemos.

Cada momento sencillo *es* nuestra vida; simplemente estar sentados, tratando de estar presentes.

Es difícil estar presente; sin embargo, en la vida todo es incierto, excepto el presente. Ponemos la vista en el futuro creyendo encontrar más allá que aquí. El presente pasa inadvertido, porque el hombre va en pos de un futuro evasivo o porque vive en el pasado. Deberíamos desear el presente, pero la máquina quiere cualquier cosa menos el presente. Tenemos que volver al presente una y otra vez; a ello dedicamos nuestras vidas.

No puedes estar presente en tu lugar de destino, si no puedes estar presente *en camino*.

Cuando tengo «yoes» que desean estar en cualquier otro lugar, he aprendido a transformarlos inmediatamente en estar presente; porque la máquina nunca está contenta con el lugar donde se encuentra. En cierto modo, tenemos la suerte de que los «yoes» sean repetitivos y evidentemente insustanciales. Reflejan la sustancia de la vida; las cosas más absurdas tratarán de alejarnos del presente. Cuanto más absurdas, mejor, porque entonces sabemos que no tiene caso perseguirlas.

La máquina no puede estar presente y, por eso, busca otras alternativas; ése es su destino. Generalmente a la máquina le disgusta el presente; sin embargo, hoy es tan importante como un día dentro de treinta años; al menos el día de hoy es seguro.

Durante el concierto me vino a la mente un «yo» interesante: «¿Qué quieres?». La respuesta fue: «Simplemente estar presente, eso es todo». Nada se puede comparar con el recuerdo de sí y, sin él, nada existe verdaderamente. A veces, con el recuerdo de sí todo lo que vemos se vuelve poesía, todo es un eco del cielo: las flores, la luz que cae sobre la hierba. Piensa en cuántos tonos sutiles de verde hay en la naturaleza.

Nuestras cenas son como estar en un barco en alta mar; no tenemos adónde ir y simplemente nos alojamos en el presente. Uno de los aspectos más placenteros de cenar juntos es estar aquí, sin que la máquina se muestre descontenta con el presente y sin querer estar en otra parte. En este momento, los cuatro centros inferiores se adaptan mejor a la presencia de algo superior. La consciencia tiene grados, y nuestra consciencia quizás es más alta ahora que en cualquier otro momento del día de hoy. Aún estamos tratando de estar presentes; este momento nunca volverá a presentarse.

No hemos mencionado el recuerdo de sí esta noche, pero se manifiesta constantemente detrás de nuestras acciones. Cuando estamos tratando de estar presentes, no importa que hablemos de las «Elegías de Duino», de Rilke, o de la silla de ruedas de un estudiante; lo importante es que el recuerdo de sí impregne nuestras acciones. Por eso, el Cuarto Camino se da en la vida ordinaria.

Trabajamos duro cada día para estar presentes, y no hay que tomar a la ligera nuestros esfuerzos al final de la jornada. Cada uno de nosotros ha hecho lo mejor que ha podido por su sí mismo, por nuestra escuela y por la Influencia C. No es posible cambiar los acontecimientos, pero sí es posible cambiarse a sí mismo. Concéntrate en silencio, no te identifiques con los acontecimientos; transfórmalos y está presente.

Todo es relativo y subjetivo, excepto el sí mismo que hay en nosotros. Cuando uno está presente es objetivo, es decir, no tiene otro objeto más que su sí mismo.

Es importante trabajar con diligencia en estar presente, pero sin forzar demasiado, porque uno puede llegar a estorbarse. Haz todo lo que puedas por estar presente, pero no te pongas demasiado tenso, porque ésa es otra forma de frustrar el recuerdo de sí.

¿Qué fue lo más importante que aprendiste en tu último viaje?

Estar donde estoy y aceptarlo. Si no estuviera presente cuando viajo, no tendría necesidad de viajar, porque en verdad no hay adónde ir más que al presente. Cuando uno viaja, es testigo objetivo de la subjetividad del hombre.

Cada uno de nosotros recibe su porción de alegría y felicidad, pero ésa no es la meta. Estamos aquí para estar presentes y con esto deberíamos ser felices. Cada momento nos ofrece la posibilidad de penetrar el presente. Debes usar bien tu tiempo, recordando que está calculado.

¿Cómo podemos dejar de apresurarnos?

Dándonos cuenta de que el momento siguiente no es más importante que el momento presente.

¿Cómo puede uno evitar criticarse por no estar presente?

Los «yoes» de autocrítica no son el recuerdo de sí. Son sólo otra forma de perder el tiempo; en realidad, reflejan una mente perezosa.

Las conmociones emocionales son una gran oportunidad para estar presente y hacer progresos. Cuando sientas una emoción negativa fuerte, recuerda que ya pasará. A menudo deseamos haber podido recordar esto durante la tormenta y no después de ella. Cuando una emoción negativa te inunda, tú no existes. Recuerda además que el rey de corazones, con toda su nobleza, con el tiempo, está destinado a fracasar, para que tus centros superiores divinos puedan aflorar.

Algunos choques son tan incomprensibles que uno se ve forzado a acudir al recuerdo de sí. El impulso inmediato es estar presente y el recuerdo de sí se convierte en defensa propia. Johann Goethe dijo: «El que atrapa el momento es tu hombre» *Tú* tienes que atrapar el momento; si no, otra cosa lo hará.

Trata de no tergiversar el presente. Acéptalo tal cual es.

Plutarco dijo: «El presente se nos da por un segundo y después elude los sentidos». El presente elude los sentidos porque la consciencia no es las funciones. Los centros superiores no corresponden a los sentidos, pero nosotros tratamos de usar los sentidos para dar vida a los centros superiores. El solo hecho de mirar un arreglo de flores, dándote cuenta de ti mismo, despierta los centros superiores.

El hogar es donde uno está presente. Cuando regresé de mi

viaje, el recuerdo de sí me pareció muy familiar, pero en lo más profundo de mi ser sabía que el estado, no el lugar, era lo que había que atesorar.

No pensamos en lo que éramos antes de encontrar la escuela, porque ya no somos esa persona. En realidad, no había nadie presente entonces.

Simplemente tratar de estar aquí, en este momento, es recuerdo de sí. Controlar la mente, que tiende a divagar, es una manifestación del recuerdo de sí.

Adquirimos muchos tesoros a medida que cambia nuestro nivel de ser. El mayor tesoro es la capacidad de penetrar en el presente con mayor frecuencia y profundidad. Uno puede tenerlo todo si se contenta con el presente; no hay nada más emocionante. Hay una gran victoria por alcanzar y nosotros estamos ganando.

El presente es eterno.

Una razón por la cual es difícil recordarse a sí mismo es que el presente está siempre muy cerca. Rara vez miramos ante nosotros lo que estamos buscando.

Tengo muy mala memoria para algunas cosas, por intentar estar presente y no en el pasado ni en el futuro. Muchas cosas se olvidan, pero este sacrificio es insignificante comparado con estar presente. No sacrificamos nada valioso al tratar de despertar. El mísero destino de la vida es la muerte, pero todos los momentos en que logramos penetrar el presente son indestructibles; lo demás es tiempo perdido. Yo procuro no dejarme seducir por los recuerdos. Cuando un recuerdo agradable o desagradable trata de ocupar el presente vivo, uno puede examinarlo por dos o tres segundos, o ignorarlo, y luego volver al presente.

Nuestras vidas no son más que cada paso, cada instante que

transcurre, pero la máquina persiste en creer que la vida debería ser algo distinto del presente. A veces hago una pausa, y dondequiera que me encuentre —en situaciones nuevas o familiares— pienso: «Los acontecimientos de hoy son mi vida». Detrás de cada pregunta se vislumbra el enigma de cómo estar presente, y la mayor felicidad de un hombre racional es la capacidad de estar presente a su propia vida.

Este momento ofrece tantas posibilidades como cualquier otro momento del día o de tu vida. Debes trabajar con lo que te ofrezca el presente. No te engañes, el momento siguiente no es más valioso que el presente. En realidad, no podrás vivir el futuro sin penetrar el presente, pues el presente *es* el futuro.

Cada edad nos ofrece sólo el presente, nada más. Qué dulce y claro es el presente: cómo se contenta consigo mismo.

Irónicamente, podemos hacer crecer la falsa personalidad, si *fingimos* recordarnos a nosotros mismos en lugar de recordarnos a nosotros mismos.

A medida que pasan los años vivimos más y más cada día; el recuerdo de sí y la amistad se vuelven los logros esenciales. Horacio dijo: «Feliz el hombre y feliz sólo aquél que puede hacer suyo el día»

Una de las mejores formas de estar presente es escuchar. Mientras escuchaba la música y trabajaba con el recuerdo de sí, no me venía a la mente ningún pensamiento útil, hasta que un «yo» dijo: «Es suficiente estar presente».

El pensamiento de William Shakespeare, «To be or not to be», (Ser o no ser), se compone de seis palabras, cinco de las cuales tienen dos letras. Esta economía del lenguaje muestra la idea de que el despertar es un proceso esencial. La dimensión más elevada de la existencia se manifiesta cuando el sí mismo recuerda *ser*.

En realidad no hay adónde ir sino al presente. El centro motor puede llevarnos a un lugar interesante, pero no tenemos adónde ir más que al presente. Omar Khayyam escribió: «Y he aquí que la caravana espectral ha vuelto a la Nada de la cual partió. ¡Vamos, daos prisa!»

Esta noche no es un puente hacia otra cosa; esta noche es ella misma. Lo que hemos hablado no nos conduce a ningún otro lugar más que al presente.

Recordarse a sí mismo significa abrazar el presente, no importa qué contenga; en este caso significa saborear el vino o mirar el hermoso arreglo de tulipanes blancos. Ouspensky decía que «todas las ideas del sistema giran alrededor de esta sola idea». El recuerdo de sí es el eje de la rueda; las demás ideas son los rayos.

La Influencia C nos ha puesto en el mismo camino; tratemos de disfrutarlo. Cualquiera puede imaginar; cualquiera puede estar abatido o negativo. Trata de evitar la imaginación, la identificación y la expresión de emociones negativas. Nosotros tenemos el momento presente.

Johann Goethe tuvo una vida extraordinaria y es un ser consciente. Su papel terminó el primer día de la primavera, lo cual simboliza que encontró la fuente de la eterna juventud. Alguien que lo acompañó en sus últimos días tuvo la impresión de ver a un hombre libre de muchas ilusiones y que vivía, no ya para el pasado ni para el futuro, sino para el presente lúcido.

El propósito de la meditación es estar presente, y estar presente no se reserva para ocasiones o condiciones especiales; debe ocurrir dondequiera que uno esté, en cualquier circunstancia.

Una definición del éxito es estar presente lo más que podamos cada día. También hay que medir nuestra capacidad de considerar externamente a los demás. Toma esta idea con simplicidad, pues todas las ideas profundas son simples. Cuando vas a pasar por una puerta al mismo tiempo que otra persona y le cedes el paso, estás considerándola externamente. Un día es una unidad de tiempo larga y presenta muchas oportunidades pequeñas como ésa para aplicar las herramientas del sistema. La consideración externa es una de ellas. Puedes usarla en un momento dado y, poco después, te encontrarás luchando por no guardar cuentas internas con la misma persona. Nuestras vidas son la suma de las luchas que momento a momento libramos por estar presentes. Crecemos en proporción con nuestra capacidad de dar; por eso los seres conscientes se distinguen por sus acciones compasivas, que enaltecen a la humanidad.

No hay actividad más grande que la presencia en silencio. Es imposible imitarla.

Algunos grupos de «yoes» conectados con temas seductores tratarán de apartarnos del presente.

Todo es ilusión, salvo el presente.

La mayoría de los hombres piensa que no tiene tiempo de estar presente e imagina que eso se deja para ocasiones especiales. Trata de estar donde estás y no permitas que el pasado impregne el presente. El pasado es sólo una palabra, mientras que el presente es una realidad siempre cambiante. Sólo puedes dejar el pasado a través del presente; y a través del presente trabajas para el futuro. Nuestro trabajo es ahora mismo. No tenemos adónde ir más que al presente, pues todos los caminos conducen al momento vivo.

Concéntrate en el presente una y otra vez, lo más que puedas. Si lo logras un momento o unos segundos al día, agradécelo.

El presente no tiene que ser ni más ni menos de lo que es. Con el paso de los años, tenemos que separarnos de nuestra incapacidad, en ciertos momentos, de estar presentes. Una de las mejores formas de estar presentes es separarnos de la desilusión que sentimos cuando nos damos cuenta de que no hemos estado presentes. Nuestro corazón tiene una gran capacidad para recuperarse.

Cuando comenzaba a estar presente, no podía hablar y estar presente a la vez. Tardé en poder hacerlo. Cuando el recuerdo de sí empezaba a aparecer, no me preocupaba por saber qué estado era ése; simplemente lo dejaba ser y lo experimentaba. No quería que nada me alejara de él. No tengo otro deseo más que estar presente ahora mismo.

Vuelve al presente una y otra vez. La única idea factible en la Tierra es estar presente; realmente es la única posibilidad; y no es mecánica.

Mientras uno respire es hora de recordarse a sí mismo. El sí mismo —expresión tan común— desdice la naturaleza increíble de este logro.

¿Puedes decirnos qué tenemos que hacer para estar presentes?

Tienen que interesarse más en lo que les rodea que en la imaginación.

¿Cómo puedo trabajar con la identificación que me impide estar presente?

Uno intercambia la identificación por su identidad. Este precioso sistema funciona, pero si lo utilizamos. El sistema no nos adula, sino que nos ayuda a escapar.

Es importante llenar los centros, aunque no es tan importante como estar presente.

Agradece el presente.

La voluntad es el mejor poder; lo demás es simple mecanicidad. La voluntad es el recuerdo de sí, y estar presente es el poder de la voluntad.

¿Es útil rezar?

Sí, si pides lo correcto: ayuda de la Influencia C para despertar, lo que seguramente implicará transformar el sufrimiento.

Trataremos de estar presentes hasta el último aliento. Con el recuerdo de sí no tienes que esperar para vivir la eternidad, porque la eternidad está aquí, cuando estás presente.

Bernard Berenson describe los hermosos paisajes que contemplaba, mientras viajaba por el sur de Italia a la edad de noventa años. «¡Y qué paisajes en Ischia, en Procida, en Capri: un camafeo en la distancia! *Die alte Weise*, cómo me conmueve todavía, pero es la emoción lo que ahora cuenta y no el mensaje. En realidad ya no hay mensaje. Esto es ESTO. Esto *EN SÍ* es su propio y único propósito. *ESTO* es intransitivo».

Debes llegar al punto en que ya no esperes recibir los mensajes que te recuerden estar presente. Debes hacer tuyo el recuerdo de sí y dejar de hablar sobre él. ¡Debes estar presente!

EL RECUERDO DE SÍ

N o es fácil hablar del recuerdo de sí porque, en su expresión más elevada, no es un proceso verbal. El recuerdo de sí es una idea que, en realidad, no había salido a la luz con su propio nombre sino hasta el siglo veinte.

Todos nos hemos recordado a nosotros mismos antes de encontrar el sistema, pero no sabíamos cómo llamarlo y, lo que es más importante, no lo valorábamos. Cuando uno está recordándose a sí mismo está creando su sí mismo, es decir, su cuerpo astral. Nuestras vidas se componen de muchos momentos normales y corrientes, así como de muchos milagros normales y corrientes. Gran parte del recuerdo de sí consiste en reconocer lo sublime en lo común. Debemos acordarnos de apreciar la naturaleza simple y discreta del recuerdo de sí. Es lo opuesto de la vida, que clama por nuestra atención *indivisa*.

Ouspensky decía que solos no podemos conocer nuestra situación, que alguien debe enseñarnos. Alguien debe ayudarnos a comprender que el significado oculto de la vida sobre la Tierra es crear un alma a través del infatigable proceso del recuerdo de sí. También decía que debemos darnos cuenta de que hemos descubierto el punto débil en las paredes de nuestra mecanicidad, el «talón de Aquiles» de la máquina. La idea principal del sistema es el recuerdo de sí, una idea completamente ignorada por la psicología occidental. Dentro de la cultura occidental, tan sólo en la literatura podemos encontrar el concepto de penetrar el presente.

Una de las mejores formas de trabajar con el recuerdo de sí es eliminar todo lo que no sea recuerdo de sí. Paradójicamente, hay que recordarse a sí mismo para lograrlo. Tampoco debemos buscar una sola definición del recuerdo de sí, porque es muchas cosas. El recuerdo de sí ha tenido muchos nombres bellos a través de los siglos. William Shakespeare dijo: «La rosa, con cualquier otro nombre, tendría el mismo aroma» A lo largo de la historia han existido muchos hombres inmortales que no conocieron la expresión «recuerdo de sí».

Nos hemos involucrado en algo agradable y desagradable a la vez. Separarnos de estas dos experiencias y no entregarnos a ellas nos da la vida. El recuerdo de sí es la única actividad en la Tierra que no es biológica.

No podemos comprender el recuerdo de sí en media hora, ni podemos describir en un día lo que trae consigo. El recuerdo de sí es el gran misterio de la vida orgánica sobre la Tierra; no podemos esperar que la sabiduría objetiva, oculta durante siglos, sea fácilmente comprensible.

El recuerdo de sí es una labor de dieciocho horas al día. Debemos trabajar con un obstáculo en cada hora: si no es con la no-existencia o con el poder, será con la imaginación, con la consideración interna o con la identificación. Nada sustituye el recuerdo de sí, y esto es una noticia difícil, pero también buena.

El centro intelectual comparte sus experiencias hablando de ellas, porque el lenguaje es su único medio de comunicación. Y así, debemos usar palabras para penetrar un estado divino sin palabras. Ouspensky nos advierte que el recuerdo de sí no es una actividad mental y que el conocimiento no puede sustituir el recuerdo de sí. La función correcta del centro intelectual es describir y clasificar los fenómenos; aunque las descripciones que hacemos de los objetos no son los objetos en sí mismos. Cuando esta actividad obstaculiza el recuerdo de sí, es trabajo incorrecto.

Los hombres número cuatro deben limitar el tiempo que utilizan para pensar en ideas, porque el recuerdo de sí desaparece rápidamente detrás de las palabras. Harriet Beecher Stowe aconsejaba a la gente detener el pensamiento y contentarse con *ser*; en verdad, percibir las impresiones que nos rodean puede ser ya bastante milagroso.

La mente formatoria trata de reducir un tema a una definición absoluta. Desea definir el recuerdo de sí como si los centros superiores fueran una experiencia limitada. Pero el recuerdo de sí comprende muchos aspectos. Saborea el vino, mira las flores, escucha la música. Resulta extraño que esté siempre muy cerca, aunque tome muchas formas variadas. Es la consideración externa, la no identificación, la no expresión de emociones negativas, el sufrimiento voluntario y, sobre todo, la transformación del sufrimiento. Cada una de estas experiencias es un matiz del recuerdo de sí. El sí mismo también puede ser evocado en momentos de peligro o en medio de una gran belleza.

Una forma de descubrir el recuerdo de sí es descubrir lo que no lo es. Mediante un proceso similar puedes verificar tu rasgo principal, tipo de cuerpo o centro de gravedad. Si eliminas algunas de las variantes, te quedarán menos por examinar.

Omar Khayyam dijo: «Una cosa es cierta...; el resto, mentira». El recuerdo de sí es la verdad eterna que, con habilidad, afronta la mentira eterna.

Ouspensky observó que estamos acostumbrados a la irrealidad. Gurdjieff intituló su último libro *La vida es real sólo cuando «yo soy»*. Tanto para él como para nosotros, esto quiere decir que la vida es real sólo cuando uno se recuerda a sí mismo.

El recuerdo de sí carece de impulso; hay que hacer esfuerzos momento a momento. Cuando aparezca el tercer estado, experiméntalo en lugar de, simplemente, hablar de él. Es el sí mismo que hay en ti, tu alma: la «Canción sin palabras» de Mendelssohn.

No puedes escapar hablando, ni escapar comiendo, ni riendo, ni llorando, pero sí puedes escapar recordándote. Recuérdate a ti mismo un poco cada vez.

Si estás recordándote a ti mismo y los demás no lo notan, estás recordándote bien. Si la falsa personalidad actúa como si estuvieras recordándote a ti mismo, estás rebajándote.

Generalmente, la naturaleza humana no ve lo evidente; por eso muchas veces las verdades esotéricas se han presentado como cuentos de hadas. Con frecuencia, los cuentos de hadas empiezan con la frase «había una vez», para indicar que la historia se desenvuelve en el tiempo; y finalizan con el príncipe y la princesa (mundo 6 y mundo 12) que viven «felices para siempre», es decir, en la eternidad: la inmortalidad.

El desarrollo del nivel de ser es proporcional a la madurez del rey de corazones. El recuerdo de sí debe originarse en el rey de corazones, porque no podemos confiar en los accidentes para crear consciencia. Cada uno de nosotros necesita toda la ayuda que pueda recibir, ya sea de sus propios esfuerzos, ya sea de la ley de accidente o de la Influencia C.

Dante Alighieri decía que podemos avivar la chispa divina que se nos ha dado hasta convertirla en una llama. El método es el recuerdo de sí; sin embargo, no hay nada más evasivo que el recuerdo de sí, y debemos, a nuestra endeble manera, regresar a él cuando podamos. Un estado neutral no es una condición vegetativa sino un estado de desapego que repele la imaginación: es un estado de recuerdo de sí. Los momentos que recordamos con mayor viveza son los momentos de recuerdo de sí. Aun así, el recuerdo de sí tiene grados: cuando viajas por el extranjero, puedes estar presente a cientos de árboles, sin recordar la mayoría de ellos. Donde hay memoria, donde hay atención dividida, está el sí mismo que hay en ti.

Nuestros momentos de memoria constituyen nuestras vidas. Cuando uno revisa su vida, los momentos que verdaderamente recuerda le revelan que sus centros superiores estaban presentes. Ouspensky decía que de los demás momentos sólo sabemos que sucedieron.

El Cuarto Camino proporciona una estructura básica y sólida para la evolución; no puede hacer más porque no es posible imitar el recuerdo de sí. Aunque la mayoría del arte que vemos es imitación, no es posible imitar el recuerdo de sí. Nada es recuerdo de sí completo sino el sí mismo recordando.

Hay memorias de la infancia que el tiempo no puede erosionar. ¿Por qué? Esos momentos pertenecen a la cuarta dimensión y no desaparecen con el paso del tiempo. El recuerdo de sí es el único fenómeno que vence al tiempo y a la muerte. Paradójicamente, una de las mejores maneras de prolongar el recuerdo de sí es tratar de no aferrarse a él. Cuando surjan estados poco comunes y productivos, trata de evocar un «yo» de trabajo que diga: «Déjalo ser». Puedes recordarte más a ti mismo si no esperas que el momento sea distinto.

El recuerdo de sí es su propia recompensa. Es un proceso discreto, sin sensacionalismos, inmortal. Cada vez que te recuerdas a ti mismo produces un destello de eternidad imperecedero, mientras que con el tiempo todo lo material muere. Somos unos insensatos cuando valoramos lo tangible por encima de lo intangible. Tienes que iniciar el recuerdo de sí una y otra vez a lo largo de tu vida; está siempre a tu alcance.

Aunque en nuestra escuela no meditamos, sí tratamos de controlar nuestra mente, no en circunstancias especiales, sino en cualquier circunstancia y en cada momento cotidiano. La mayor parte de la gente se contenta con la fascinación, y una dimensión de la fascinación es pensar que controlar la mente está reservado para circunstancias especiales: un día a la semana o seis horas al día. Esto no es suficiente. Cuando meditamos tratamos de controlar nuestra mente. ¿En qué momento *no* deberíamos intentarlo?

¿Es posible evolucionar sin el recuerdo de sí?

No. Ya es bastante difícil evolucionar *con* él.

Momento a momento debemos separarnos de lo que no es recuerdo de sí y, de este modo, indirectamente, crear nuestro sí mismo. Miguel Angel decía, en relación con la escultura, que él eliminaba lo innecesario. Sucede lo mismo con el recuerdo de sí. Nuestras vidas son como esculturas de las que diariamente eliminamos lo superfluo. Debemos ser capaces de discriminar entre el sueño y el despertar. El esfuerzo para despertar está expresado en forma esotérica en «Blancanieves y los siete enanitos». Los enanitos trabajan en minas laberínticas buscando piedras preciosas, que son como los momentos de recuerdo de sí porque brillan en la oscuridad. Es útil preguntarse: ¿Es esto el recuerdo de sí? Si no lo es, descártalo.

Ouspensky nos advierte que el recuerdo de sí es siempre la acción correcta. El problema es poner este pensamiento en la escala adecuada. Es la idea más grande que ofrece el sistema y es independiente tanto de la forma de nuestro cuerpo como de la forma de la escuela.

Casi toda la imaginación es negativa, porque ocupa el lugar de nuestro sí mismo. Es difícil acordarse de *intentar* recordarse a sí mismo. Sin embargo, intentar recordarse a sí mismo no es todavía recordarse a sí mismo propiamente dicho, aunque es una mayor bendición que el sueño. El recuerdo de sí completo significa que los centros superiores están funcionando: el sí mismo recuerda estar despierto.

Hay tantas cosas que no son recuerdo de sí. Las palabras «está presente» no son el estado, pero las apreciamos en relación con nuestra meta de despertar. Cuando estás trabajando con lo que no es el sí mismo que hay en ti, estás trabajando sobre ti mismo. Trata de recordar que esto puede hacerse y que ya ha sido hecho.

El recuerdo de sí no es una sensación. William Blake dijo: «Miro a través de mis ojos, no con ellos».

La consciencia tiene grados. Cuando uno se aferra al presente, la consciencia es divina. Cuando estamos negativos y nos degradamos, nuestro grado de consciencia es muy bajo. Ridiculizarse no es recuerdo de sí, es sólo una pérdida de tiempo.

Sentirse culpable por tener la fortuna de haber encontrado la escuela tampoco es recuerdo de sí. En su debido orden, nada externo debiera de afectarnos. Es curioso que lo que llamamos el estudio de sí, en realidad, no es el estudio de nuestro sí mismo, sino de las peculiaridades de la máquina. Lo que observamos, ya sea positivo, ya sea negativo, no es el sí mismo. Lo que observa es el sí mismo.

Despertar es un proceso emocional y la fricción debe ser emocional. El sufrimiento que experimentamos debe ser real, porque los estados que creamos son reales. No es agradable verificarlo y, sin embargo, es una bendición. La fricción puede parecer una maldición, hasta que verificamos la gran idea que hay tras ella. ¿Cuál es esta gran idea? La inmortalidad. ¿Qué puede compararse con esto?

Hay que preguntarse: «¿Estoy recordándome a mí mismo?». Cuando estás negativo y cambias el objeto de tu pensamiento o de la conversación, puedes observar que la máquina se identifica y que, con la misma vehemencia, se pone negativa en relación con el nuevo tema. Por eso tienes que controlar el origen de la negatividad y aprender a reconocerlo, observando el tema. Comprendemos el recuerdo de sí mediante el proceso de prueba y error.

En realidad, el despertar es muy simple, aunque la falsa personalidad desea complicarlo. El recuerdo de sí no es evidente: los centros superiores son conscientes tanto de sí mismos como de los objetos que contemplan. Las escuelas son para gente común con posibilidades comunes. En eso estaba pensando mientras cenábamos; gente simple creando su alma sin llamar la atención. Lo bello del recuerdo de sí es que es independiente del tema y además está siempre a nuestro alcance.

Devolver la vida a lo que está muerto es el verdadero significado del recuerdo de sí.

Podemos confiar muy poco en la memoria. Una de las razones por las cuales es difícil recordar los detalles es que, en lugar de hacer eso, estamos tratando de recordarnos a nosotros mismos.

Para desarrollar un cuerpo superior es necesaria la consideración externa.

Nuestra especialidad es el recuerdo de sí; por eso no sobresalimos en otras áreas.

Nunca pienses que una acción o un logro externo es más importante que recordarte a ti mismo. Nunca consideres justificable la expresión de negatividad. Trata de introducir el recuerdo de sí tanto en las metas pequeñas como en las grandes. Dentro de nosotros tenemos el principio y el fin de la creación. Entre las múltiples observaciones que hacemos cuando encontramos el sistema, la más extraña es que tienen que enseñarnos a recordarnos a nosotros mismos.

¿Cuál es el origen de la tensión en la máquina y cómo podemos usarla para el recuerdo de sí?

Vivimos en una era mecánica que produce tensión. Para despertar, debe haber tensión en la máquina. El recuerdo de sí disminuye la tensión, al fomentar el trabajo correcto de los centros. Podemos tratar de controlar el centro motor relajando los músculos faciales, pues cerrar la boca con firmeza —raro en los niños— es señal de tensión.

Generalmente el recuerdo de sí debe originarse en la parte intelectual del centro emocional, porque recordarse a sí mismo es una experiencia emocional. Podemos controlar el centro emocional si no expresamos negatividad y, con el tiempo, la esencia desplazará las emociones negativas.

Trata de no estar dormido a los milagros cotidianos. Afortunadamente, es posible crear el ser sin conocimiento. Se requieren varios años para comprender la naturaleza del recuerdo de sí. Sólo podemos comprender plenamente el recuerdo de sí cuando nuestro sí mismo recuerda estar presente. La máquina piensa que la experiencia de los centros superiores y la transformación del sufrimiento requerida para desarrollarlos están reservadas para otro; sin embargo, están reservadas para ti.

El sistema tiene que ser muy simple para llegar hasta nosotros. El sí mismo es independiente del tema. Incluso los «yoes» de trabajo no son el recuerdo de sí. Lo bello del recuerdo de sí es que siempre puede aparecer, sin importar el asunto; la cuestión es dividir la atención.

Hablar del recuerdo de sí no es lo mismo que el recuerdo de sí. El sistema nos enseña a trascender las palabras.

Una razón por la que el ochenta y cinco por ciento de los estudiantes trabaja en la vida y no en «Apolo» es que cuanto más negativa está la gente a nuestro alrededor, tenemos más oportunidades de escapar, porque estamos tratando de no identificarnos con la negatividad. Cuando realmente estamos trabajando, las situaciones negativas son un salvavidas.

He estado poco tiempo en la escuela y no puedo recordarme a mí mismo.

Conforme pase el tiempo, podrás reducir al mínimo lo que te distrae de estar presente y tu alma cobrará fuerza. Cuanto más te recuerdes a ti mismo, mayor será tu capacidad para recordarte a ti mismo. Después del primer año en la enseñanza, utilizamos mejor el segundo año; después del segundo, utilizamos mejor el tercero.

El tiempo parece detenerse cuando uno se recuerda a sí mismo; en realidad, uno se mueve a la máxima velocidad posible, simplemente estando donde está.

¿Qué tengo que hacer?

Cuando comas, saborea la comida. Cuando escuches, haz que tus oídos trabajen, no los dejes simplemente estar ociosos. Mira con visión activa, no pasiva. Tu corazón te guiará y él sabe lo que es correcto.

La afirmación de tu meta de recordarte a ti mismo es la primera fuerza, la inercia de la máquina es la segunda fuerza o fuerza contraria y la transformación del sufrimiento es la tercera fuerza.

34

La parte intelectual del centro intelectual, el rey de diamantes, es un tímido instrumento que rara vez usamos. El recuerdo de sí, un proceso creativo, requiere de su aparición. El mayordomo —que está en la parte intelectual del centro emocional, el rey de corazones—, acude al rey de diamantes para despertar el alma.

Al final, nada se interpone entre tú y el recuerdo de sí, excepto tú mismo.

Mi trabajo es hacerles comprender lo que yo comprendo, lo que he recibido de una escuela superior. Tengo que transmitirlo repetidas veces para que, con el tiempo, superemos las palabras, porque buscamos un estado, no palabras. Cuanto más cambia nuestro ·ser, nos concentramos más en recuperar el recuerdo de sí y en controlar los centros. Hablar del recuerdo de sí no es suficiente, aunque incluso eso es raro. Hay que aprender a valorarlo sobre todas las cosas y tratar de ser las palabras. A veces hablar es fútil, porque la consciencia no es las funciones. Necesitamos usar las palabras, pero no demasiadas: un equilibrio sutil.

Se puede matar al recuerdo de sí en gran medida o poco a poco. La charla innecesaria lo mata poco a poco. El silencio es nuestro quehacer y es donde debe ocurrir el trabajo real. Una forma de recordarse a sí mismo es escuchar a las personas cuando hablan. Qué pensamiento más simple; pero si se convierte en un hábito, cambiará nuestro nivel de ser. Ojalá tengan algo que decir y no hagan larga una historia corta.

Uno de mis comentarios favoritos sobre el recuerdo de sí es de Walt Whitman, aunque él no lo llamaba recuerdo de sí. «He aquí la profunda lección de la aceptación. Ni preferencias ni exclusiones». Es decir, simplemente acepta lo que el momento te ofrece.

El recuerdo de sí produce la unidad de las partes intelectuales de los centros. El sí mismo se reasocia, se reúne y nos encontramos en un estado de unidad. El recuerdo de sí debe trabajar con cada momento simple, pues son los momentos simples los que constituyen principalmente nuestra vida. La falsa personalidad puede esperar los grandes momentos y fracasar por completo.

El recuerdo de sí es una experiencia muy ligera. Cuando las ideas se vuelven demasiado complicadas, la falsa personalidad se ha metido en el trabajo. El recuerdo de sí es también una experiencia personal y, aunque el conocimiento objetivo no es privado, su verificación es muy personal. El recuerdo de sí no es sensacional; la transformación de emociones negativas no es sensacional; pero, a través de estos esfuerzos, se produce la «perla de gran valor».

Somos lo que observa y no lo que observamos: qué buena idea. Lo que observa la máquina es el sí mismo en nosotros; lo que transforma el sufrimiento es el sí mismo. Algo sin palabras mira en silencio desde nuestro interior.

Lo que en verdad poseemos existe sin palabras y se asoma desde nuestra frente. Es el sí mismo niño que se encuentra entre las sienes* sagradas en la glándula pineal. Ninguna experiencia puede compararse con el propio despertar. La gran verdad en medio de la gran mentira.

Tenemos las llaves de la vida eterna. Ojalá pudiera transmitir que, comparado con el recuerdo de sí, casi todo lo demás es broma.

Me asombra que las ideas del sistema sigan tan frescas. El recuerdo de sí es siempre fresco. Por años he agradecido hablar de una sola cosa, el recuerdo de sí, que para nosotros

---

* "Temple", en inglés, significa tanto 'sien' como 'templo'; de ahí el calificativo "sagradas". (N. del T.)

significa la vida o la muerte. Debemos perseguir incansablemente el recuerdo de sí durante toda la vida. A medida que nos acercamos a la muerte, nos damos cuenta de que lo único que podemos llevarnos es el sí mismo.

¿Agradecer es una forma de recuerdo de sí?

No es posible ser desagradecido y recordarse a sí mismo. Con el tiempo, la gratitud acompaña al recuerdo de sí. Casi al final de su vida, Walt Whitman escribió: «Que sea ésta, oh Dios, mi última palabra aquí, de rodillas, viejo, pobre e inválido. Te doy las gracias.»

Ninguna escuela en la historia ha puesto tanto énfasis en el recuerdo de sí como lo ha hecho la nuestra. Nos hemos asegurado de que la magnitud de esta idea no quede relegada por la abundancia de otras ideas y la hemos puesto por encima de cualquier otro concepto. Hay cinco mil millones de personas en la Tierra y ni siquiera se les ocurre recordarse a sí mismos o recordar sus almas. Podemos ver cuán sumida en la oscuridad está la mente humana.

Para nosotros, el paso se acelera. Cuanto más nos recordamos a nosotros mismos, somos más capaces de recordarnos a nosotros mismos, porque el recuerdo de sí es un proceso acumulativo. Podemos introducirlo en cualquier momento y lo atraviesa todo hasta llegar al verdadero significado de la existencia.

Una hermosa manera de pensar en el recuerdo de sí es: «Ama aquello a lo que vuelves»; el hilo al que volvemos a lo largo de nuestras vidas. Todo pasa, salvo el sí mismo que existe en nosotros. Nada es recuerdo de sí, excepto el recuerdo de sí.

A George Kates, autor de *Los años prósperos* y *Muebles chinos domésticos*, le preguntaron casi al final de su vida, a la edad de noventa y cuatro años, si extrañaba China. Contestó: «No piensen que tengo deseos de volver a China. La China que yo conocí ya no existe. Pero el Occidente que conocí tampoco existe... No siento anhelo ni nostalgia por un mundo que ha desaparecido. Ha desaparecido para todos. Podría construirme una vida de nostalgia, pero contemplo esa idea con desconfianza. Tenemos el deber de vivir en el presente y yo quiero vivir en buenos términos con él».

Finalmente, existimos sin palabras y *somos*. El amor es un fenómeno poderoso y la ausencia del recuerdo de sí revela la incapacidad de amar. La forma principal en que podemos ayudar a los demás es recordándonos a nosotros mismos.

LA ATENCIÓN DIVIDIDA

La atención dividida *es* el recuerdo de sí. Tú eres lo que observa, no lo que observas. Lo que miramos nunca es real, lo que mira a través de nosotros, con la atención dividida, es real. Cuando dividimos la atención, somos un nivel de creación diferente: los mundos superiores, el Mundo 6 o el Mundo 12, actúan dentro de nosotros. Pasamos nuestra vida arrastrando un cadáver, tratando de extraerle la atención dividida.

Quien no se dedica a la creación de un alma está en la ocupación equivocada, porque el único empleo verdadero es estar presente. Dividir la atención ha sido la respuesta en cualquier día, en cualquier siglo y en cualquier país. Mañana será lo mismo que hoy; las cosas nunca serán mejores que en el presente.

La vida de un estudiante que ha entrado en el camino gira en torno al esfuerzo de dividir la atención.

Para mantener el recuerdo de sí, trabajamos en él cada día de nuestra vida. Jamás sacrifiques la atención dividida, porque todo queda en un segundo plano con respecto a ella y la creación de un alma. La atención dividida debe acompañarnos durante todo el día, no importa en qué estemos ocupados. Hoy un estudiante comentaba lo difícil que había sido para él dividir la atención durante las tres últimas semanas. Le dije que probablemente antes no dividía su atención y que sólo ahora empieza a darse cuenta de lo difícil que es.

Desgraciadamente tendemos a caer en imaginación, aun mientras leemos o escuchamos las ideas del trabajo. Cuando no dividimos la atención, nuestra mente divaga. Podemos «estar en imaginación» acerca de algo sucedido el mismo día o un problema que pueda presentarse mañana. Necesitamos utilizar la herramienta del sufrimiento voluntario invisible para evitar caer en imaginación. Puedes actuar con discreción: adopta una postura algo incómoda; siéntate un poco a la izquierda o a la derecha de tu silla o hacia el borde de la misma. Cruza las piernas si normalmente no lo haces. Uno debe crear muchos choques pequeños, porque nuestra vida se compone de muchos instantes pequeños.

Tratar de dividir la atención nos proyecta más allá del nivel de la vida. Somos gente que se concentra en la atención dividida, porque ésta es, en sí, la recompensa; ésta es nuestra verdadera especialidad, pero la gran masa de la humanidad nunca se dará cuenta de ello. Está en la naturaleza del recuerdo de sí no ser evidente, pero los resultados que produce son profundos.

La atención dividida lo es todo para nosotros; es el significado oculto de la vida sobre la Tierra. Estamos tan inmersos en nuestros pequeños mundos que no podemos percibir los mundos superiores.

En cierta etapa de nuestra evolución, todo es absurdo comparado con la atención dividida. Distraerse con cualquier cosa es una broma; pero la broma es a costa de uno mismo. Si una distracción se vuelve demasiado seria, la broma es de mal gusto.

Nunca sacrifiques la atención dividida por nada, porque, salvo ella, todo es mentira. Los cinco mil millones de personas sobre la Tierra no están tratando de dividir la atención. Cuando veo en un acontecimiento deportivo a cien mil personas que alegremente se pierden a sí mismas, pienso: «Simplemente trata de interesar a toda esa gente en la atención dividida». Sin embargo, he aprendido que cada quien consigue lo que quiere, y el que quiere una escuela la encuentra.

Un estudiante me dijo hoy que tenía un problema. Le respondí que su único problema es dividir la atención. Más tarde conversé con alguien que pasaba por un momento difícil con algo pequeño, pero su dificultad real es dividir la atención; lo demás es absurdo, porque se desvanece con el tiempo. El gran secreto es que el recuerdo de sí debe ocurrir dondequiera que uno esté.

No necesariamente pienso en función de enseñar, sino en función de volver sobre mis pasos, porque son pasos preciosos que conducen a las estrellas.

Tenemos todo lo que necesitamos: el recuerdo de sí y la atención dividida. Qué grandes son y qué humildes. Si no nos volvemos más simples y menos pretenciosos, no hay razón para ascender.

Cada momento vale tanto como nuestro último día. Quizá hoy podamos cultivar más la atención dividida en nuestras máquinas, que cuando tengamos setenta años.

La muerte acaba con todo. A medida que envejecemos, las células de nuestro cuerpo, antes llenas de salud y vigor, se van deteriorando. Por eso los momentos en que dividimos la atención son tan valiosos; la muerte no puede tocarlos. Tenemos la suerte de haber descubierto la atención dividida y de apreciarla más que cualquier otra cosa.

Las preguntas no necesariamente te ayudarán a dividir la

atención. Una vez un estudiante me hizo demasiadas preguntas y le contesté: «Recuerda que la respuesta es un estado, no una pregunta».

Somos un microcosmos: el hombre; además somos los únicos seres sobre la Tierra que pueden nacer dos veces. Como la oruga que renace maquinalmente en una mariposa, nosotros podemos renacer conscientemente mediante la atención dividida.

La atención dividida no produce resultados inmediatos, así como los centros superiores no pueden aparecer sino después de largos años de esfuerzos persistentes. El despertar es difícil, pero es posible. No podremos despertar a menos que tengamos un compromiso total con nuestra evolución. Quien crea que basta hacer esfuerzos a medias, se engaña a sí mismo.

Todo es mentira sin la atención dividida.

Piensa en cada interrupción, en cada pausa, en cada dilación en tu vida; cuánto tiempo perdido. Un estudiante que estaba por salir de viaje a otros centros de enseñanza me preguntó si quería mandar algún mensaje. Le contesté: «No, no hay mensaje alguno, sólo 'Dividan la atención'. »

Al observar el regocijo que surge cuando las emociones negativas se calman, uno puede verificar que los esfuerzos continuos por dividir la atención producen energía fresca.

Epicteto dijo audazmente: «Muéstrame el prodigio que puede vencer a la muerte». El prodigio es la atención dividida.

Los niños están en esencia, pero su esencia se encuentra en estado de fascinación. Cuando tú estés en esencia, trata de dividir la atención. Trata de mirar estas flores y, al mismo tiempo, de darte cuenta de que estás mirándolas. La atención dividida nos pone en esencia. Cristo dijo: «Si no os volvéis y os hacéis como niños no entraréis en el reino de los cielos».

El hombre no puede hacer. La humanidad se esfuerza valientemente por hacer, pero todo lo que hace es mecánico. ¿Y cómo va a poder *hacer* sin dividir la atención? La gente va de tropiezo en tropiezo porque no tiene la atención dividida; y mientras más piensa que puede hacer, más se aleja de la verdad.

Cuando la gente se desempeña bien en la vida, su atención está concentrada, no dividida. Lo que nosotros buscamos desesperadamente es dividir la atención, porque cuando dividimos la atención, nuestra alma está presente. Y cuando estamos bajo presión real, toda sabiduría filosófica abre paso a la manifestación silenciosa de nuestra facultad regente: el alma o los centros superiores. La gente busca fuera de sí y no dentro de sí; esto explica las muchas tragedias de que somos testigos. Es asombroso ver lo que controla nuestra atención; sin embargo, todo debe ser secundario respecto de la división de la atención y la creación de un alma. La Influencia C espera de nosotros la atención dividida, y en ello vamos a sobresalir porque no hay nada que lo iguale. Tenemos que ir más allá del argumento y llegar al mensaje que hay detrás de él. Estamos en una prisión en la medida que no nos damos cuenta de que es una prisión, y sólo la atención dividida puede atravesar los muros.

San Pablo dio a conocer la atención dividida, a sus discípulos, cuando les dijo: «He aquí, os digo, un misterio: no todos dormiremos».

A través de los siglos, la humanidad permanece fundamentalmente en el mismo nivel y se pasa la vida yendo a todas partes menos al presente. La humanidad debe permanecer bajo la ley de accidente, porque no conoce ni el recuerdo de sí ni la atención dividida, y gasta su energía, sobre todo, en la expresión de emociones negativas.

Somos realmente personas privilegiadas. Cuando viajo me parece increíble ver pasar a tanta gente que no divide la atención. Pero así es. ¿No es maravilloso que nosotros podamos dividir la atención? Tenemos que luchar por alcanzar la vida eterna o caeremos en la oscuridad eterna.

La humanidad no puede concebir que sirve de alimento para el Rayo de la Creación. Mientras más hombres haya en la Tierra peor será, porque cuando la cantidad aumenta, la calidad disminuye. La humanidad es el humus donde crecen las escuelas y los seres conscientes. Es extraño pensar que la mayoría de la gente sobre la Tierra nunca ha conocido la expresión «atención dividida».

¿Cuál es la diferencia entre el recuerdo de sí y la atención dividida?

La atención dividida *es* el recuerdo de sí; son sinónimos. El estado de atención dividida abarca una gran gama de emociones. Johann Sebastian Bach compuso algunas obras que expresan profundas emociones, mientras que otras son melodías pastorales. Del mismo modo, el alma tiene muchos matices.

Recuerdo de sí quiere decir que uno se da cuenta simultáneamente de sí mismo y de lo que está viendo. Cuando uno ve algo sin darse cuenta de sí mismo, se encuentra en estado de fascinación, que es una de las barreras decisivas entre el sueño y los centros superiores.

Uno puede estar dormido mientras habla del sistema. Esta forma de sueño es algo extraña, porque roza lo divino. Sin embargo, cuando uno no está tratando de dividir la atención, no importa lo que haga, está dormido. Un punto focal para dividir la atención puede ser tratar de controlar la mente errátil mientras alguien está hablando; pues la máquina tiene una fuerte tendencia a caer en imaginación en tales circunstancias; ésta es su forma desatinada de ser la fuerza activa. Epicteto decía que al hombre se le dieron una lengua y dos oídos para escuchar el doble de lo que habla. Además, si después de cinco o diez minutos no podemos comprender una idea, podemos abandonarla con provecho, porque está ocupando el lugar de la atención dividida. Las cosas serán menos difíciles cuando uno pueda dividir la atención y observar imparcialmente.

William Blake dijo: «La creación entera clama su libertad». Todo en la naturaleza se esfuerza por existir, pero no sabe adónde ir. Desatamos el nudo gordiano cuando descubrimos el secreto de la atención dividida y estamos usando nuestra energía para crear un cuerpo astral.

Una vez que has encontrado el atractivo de dominar el tiempo (la atención dividida) dejas de moverte a su compás y empiezas a vencerlo. El tiempo no puede borrar tus momentos de presencia. Como eres el microcosmos hombre, debes llegar solo al momento de tu muerte. No eres el papel que desempeñas; cada alma en esta escuela es individual. Tu alma sobrevivirá a la escuela porque, a través de la atención dividida, puedes escapar de la muerte.

Cuando uno despierta, dos cosas saltan a la vista: una es que, sin la atención dividida, no hay esperanza; y la otra, cuán grande es la Influencia C.

¿Qué momento no es bueno para dividir la atención?

LOS RESULTADOS DEL RECUERDO DE SÍ

Cuando los tipos intelectuales encuentran el sistema, suelen hablar demasiado, al igual que las personas que están centradas emocionalmente y que pueden ser demasiado emocionales. Aunque es necesario ser emocional para despertar, el recuerdo de sí no requiere que se tenga un centro emocional importante. Cuando uno entra en el camino, penetra la esencia y se vuelve realmente emocional. Las emociones que no están conectadas con el recuerdo de sí no son reales.

Para gobernarlo todo, has de gobernarte a ti mismo.

Evitar el sentimentalismo no nos vuelve insensibles; al contrario, nos vuelve sensibles a estados más finos y a valores más nobles.

Gurdjieff señaló que necesitamos crear nuestros propios choques. Un choque pequeño que me ha servido durante muchos años es usar la manija para cerrar la puerta, porque las partes mecánicas de los centros usan cualquier parte de la puerta. Podemos introducir el recuerdo de sí prácticamente en todo lo que queramos.

Necesitamos recordar que este sistema no nos pertenece, porque es un conocimiento *objetivo*. Los momentos en que el sí mismo se recuerda, y que son el fruto de nuestro trabajo, sí nos pertenecen. Hacemos nuestro el trabajo mediante nuestros esfuerzos por recordarnos a nosotros mismos.

Si no puedes evolucionar ahora que la Influencia C está a tu alcance, ¿cómo podrás evolucionar después, en circunstancias menos favorables?

Una de las observaciones más extraordinarias de Ouspensky se refiere a sus esfuerzos por recordarse a sí mismo. Dijo: «Los primeros intentos me mostraron lo difícil que era. Los esfuerzos por recordarme a mí mismo no dieron ningún resultado más que el mostrarme que, de hecho, nunca nos recordamos a nosotros mismos». Ouspensky fue un hombre excepcional y tuvo que renunciar a una idea imaginaria de sí mismo, superior a la de mucha gente que encuentra el sistema. Tenía más que la mayoría de la gente; sin embargo, comprendió que sin su sí mismo no poseía nada. Aunque sus primeros esfuerzos fueron desalentadores, perseveró y con el tiempo fusionó sus centros superiores. Terminó su papel llegando a ser un hombre número siete completo, dejando su cuerpo físico al morir y comunicándose con los estudiantes que lo sobrevivieron.

Con el fin de llenar los centros en forma adecuada, debemos hacer esfuerzos para recordarnos a nosotros mismos. Afortunadamente, el recuerdo de sí engendra recuerdo de sí, al igual que la cultura engendra cultura. Después de que nos han enseñado a recordarnos a nosotros mismos, debemos crear en nosotros el sí mismo, mediante el recuerdo de sí mismo. Imagina qué pobreza es ir en busca de cualquier otra cosa; la mayoría de la gente va en busca de la Influencia A en lugar de la Influencia C.

La gente insustancial necesita novedad. A veces la novedad evoca los centros superiores, pero un hombre número cuatro no puede depender de ella para crear la consciencia permanente. Necesitamos equilibrar el conocimiento esotérico con el conocimiento general, aunque debemos evitar dejarnos llevar por pensamientos seductores. No nos ocupamos de preguntas

filosóficas o teóricas fascinantes. Debemos subordinar intuiti-
vamente estas preguntas a la batalla cotidiana por estar
presente.

La consciencia tiene grados. Podemos verificar que la máquina
no es real y cinco minutos más tarde otro pseudoestado puede
circular en la máquina, que cree que es real. Conforme pasan
las semanas y los meses, nuestro ser va adquiriendo masa, y
comprendemos con mayor profundidad que la máquina es
realmente insustancial. Tales observaciones nos dan el valor
para ser capaces de controlar a la máquina, porque lo que
confrontamos es una ilusión.

El sí mismo, recordándose, nos libera de la ley de accidente.
La ley de accidente nos da la oportunidad de ser creativos. Si
nos damos cuenta de que está ocurriendo, entonces podemos
decidir favorecerla o resistirla. Sin embargo, sólo podemos
dirigir la ley de accidente cuando nos recordamos a nosotros
mismos.

Aunque todos estudiamos el mismo sistema, nuestros esfuerzos son muy personales. Una razón por la cual practicamos
los ejercicios de mirar y escuchar es que interrumpen la autoindulgencia excesiva que surge de la preocupación de la
máquina por sí misma. En cambio, podemos apreciar lo hermoso de la naturaleza. El ser sustancial puede ir creciendo, por
ejemplo, al disfrutar de los árboles, pues hay muchos árboles
hermosos en este mundo. Apreciar la naturaleza y todo el Rayo
de la Creación con sus galaxias, estrellas y planetas es un
aspecto vital de la octava de impresiones. Walt Whitman dijo:
«Yo pensaba que este mundo era suficiente, hasta que sur-
gieron las estrellas».

Con frecuencia, se nos tiene que recordar que la máquina es
una máquina. También, conforme estudiamos el sistema,

podemos cambiar nuestro nivel de ser, y con cada cambio de ser adquirimos algo permanente.

Al hablar, tratamos simultáneamente de recordarnos a nosotros mismos. En un punto de nuestro desarrollo, hablar del recuerdo de sí puede convertirse en un impedimento, pero esto no quiere decir que abandonemos la segunda y la tercera líneas de trabajo.

Si uno se recuerda a sí mismo, puede observar errores en los demás y evitar cometerlos, al igual que puede saber lo que es un resfriado sin tenerlo. Galileo decía que su mejor maestro era observar los errores de los demás. Qué gran acontecimiento cuando los oídos empiezan a escuchar y los ojos a ver.

Nuestro suelo en «Apolo» («Apollo») es difícil y, en cierto modo, es una suerte. Como no da resultados con facilidad, desarrolla el carácter de los hombres y las mujeres que lo trabajan. Rodney Collin decía que el recuerdo de sí es difícil precisamente porque es la llave para un nuevo mundo. Si los resultados se dieran fácilmente, no serían tan valiosos.

Si uno tiene la meta de recordarse a sí mismo, ésa es la primera fuerza; la imaginación es la fuerza contraria o segunda fuerza; la fricción que nos llega de las fuerzas superiores es una tercera fuerza que asiste a la primera. Cuando dos fuerzas se oponen a nuestra mecanicidad, podemos alcanzar nuestra meta; si comprendemos esto, comprendemos la necesidad de recibir ayuda externa para despertar. Al comprender esto, comprendemos qué pedir cuando rezamos. Omar Khayyam dijo: «Y cuando el ángel, con su licor amargo, se aproxime a ti, acéptalo y no temas».

Resulta interesante ver cómo desarrollamos la costumbre de empaparnos de cultura: el concierto, esta sala, la música, las impresiones, todos son hidrógenos más elevados. Con ellos tratamos de crear el recuerdo de sí. Escuchar música suele ser una experiencia mucho más bella que escuchar nuestra propia actividad mental: los muchos «yoes».

Debe ser maravilloso penetrar en el recuerdo de sí, aunque sea sólo por unos segundos. Te muestra cuán falso es todo lo demás, aunque lo demás, sin el recuerdo de sí, parece real. Increíble, ¿verdad? Como Alicia en el mundo maravilloso, viajando «a través del espejo».

Pensaba en las pirámides. Hasta ellas descienden; la contaminación las va destruyendo lentamente. Pero el recuerdo de sí es permanente, indestructible.

Recuerda, el recuerdo de sí es siempre la acción correcta y debemos valorar este pensamiento. El sistema contiene muchas ideas aparentemente contradictorias; sin la atención dividida, el conocimiento puede fácilmente caer en oídos dualistas.

Es una bendición y un choque envejecer y rejuvenecer juntos. El recuerdo de sí es la fuente de la eterna juventud que Ponce de León buscó fuera de sí. Nosotros la buscamos y la encontramos en nuestro interior. Encontramos una escuela; nuestro cuerpo envejece, pero como la esencia empieza a aflorar y crecer, uno es más joven. Los estudiantes de mayor edad parecen más jóvenes, porque han tocado su propia fuente eterna de la juventud: el recuerdo de sí.

Ouspensky dejó algunas cosas muy bien dichas, que tan sólo pueden comprenderse estando en una escuela. Dijo: «Recuérdate a ti mismo siempre y en todo lugar». Es decir, en las circunstancias más comunes, recuérdate a ti mismo. También dijo que el recuerdo de sí produce cambios químicos bien definidos que anuncian la aparición de la esencia y, más allá, la aparición de los mundos 6 y 12, Hansel y Gretel.

Observamos que no siempre podemos impedir el trabajo equivocado de los centros, a menos que estemos siempre despiertos. Hay ciertas manifestaciones que, por el momento, no podemos controlar, porque nos falta la fuerza con la cual controlarlas. Si no nos recordamos a nosotros mismos, ¿cómo podremos controlar los centros?

Me sorprendió el darme cuenta de que no tuve ni siquiera un «yo» para recordarme a mí mismo durante el día.

Algún día invertirás esa situación y recordarás más a menudo de lo que olvidas. Quizá te lleve varias vidas, pero al final lo conseguirás. La Influencia C está ayudándonos y su meta es hacerte inmortal; ellos no están sujetos a la ley de accidente. Cuando lo comprendemos, comprendemos que no podemos darnos el lujo de comprometer nuestra meta de despertar.

LA MÁQUINA

El recuerdo de sí es una molestia para la máquina, que quiere ser mecánica y perder el tiempo. La máquina prefiere que sus deseos se hagan realidad y no que se vean interrumpidos por el recuerdo de sí. Ouspensky nos advirtió que la falsa personalidad se opone al recuerdo de sí. A menudo, cuando alguien está por entrar en el camino, la falsa personalidad lanza su último asalto y uno se siente desorientado y asediado. En su debido orden, la falsa personalidad se hace pedazos y la esencia aflora. Es un proceso doloroso, pero es el método a través del cual mucha gente entra en el camino.

La máquina no puede recordarse a sí misma, porque el recuerdo de sí no es mecánico. El Rayo de la Creación entero, la vida orgánica sobre la Tierra, nuestro cuerpo, todo se opone al recuerdo de sí. La máquina nos convence, con astucia, de que el recuerdo de sí ocurre mientras los cuatro centros inferiores van en pos de metas inferiores. Hay que tener en cuenta este engaño, porque el despertar es un proceso matemático. No hay forma de escapar de la muerte más que el recuerdo de sí.

En la máquina hay contradicciones, porque no somos *uno*. Tenemos cuatro cerebros: un cerebro intelectual, un cerebro emocional, un cerebro motriz y un cerebro instintivo. Nuestro problema es todavía más complicado porque cada uno de estos cerebros tiene cuatro subdivisiones: una parte intelectual, una

53

parte emocional, una parte instintiva y una parte motriz. Los centros superiores están unificados, es decir, ellos son el *estado de unidad*. Cuando uno verifica que tiene cuatro cerebros, puede comprender que debe de haber contradicciones que pueden resolverse mediante el recuerdo de sí.

Aprendemos a usar los «yoes» negativos al transformarlos. Gurdjieff decía que nosotros siempre sacamos provecho. Los «yoes» de trabajo son excelentes: «Divide la atención», «Está presente». Los «yoes» negativos son útiles, cuando no nos identificamos con ellos y los usamos para estar presentes.

Cada uno de los centros inferiores compite por ocupar espacio. Es como plantar una secoya, un cedro, un ciprés y un pino en un metro de terreno. Cada árbol competirá por ocupar el espacio entero. Lo mismo sucede con nuestros centros inferiores. En todo momento, sus vidas ilusorias están en juego.

El centro intelectual es el cerebro más débil de la máquina, y es difícil engendrar el deseo de autoeducarse. Algunas personas pierden el recuerdo de sí cuando tienen que llenar sus centros y educar su esencia; pierden el recuerdo de sí por resentimiento. Isabel I de Inglaterra dijo: «Lo que deseas es demasiado importante como para revelarlo ante una concurrencia de mentes superficiales».

Para equilibrar la máquina, uno debe ser capaz de controlar los centros, lo que, a su vez, requiere del recuerdo de sí. Equilibrar los centros es sentido común, es decir, un sentido común a todos ellos. El sentido común más elevado es el de los reyes (las partes intelectuales de los centros) cuando actúan al unísono.

La máquina gasta gran parte del día en el consumo caprichoso de energía. En lugar de ocupar la mente en el recuerdo de sí, la máquina perezosa se ocupa en una serie de cosas, según el centro que esté funcionando.

Sería ingenuo pensar que el sí mismo es fácilmente accesible. Así que cada quien debe comprender por sí mismo lo difícil que es funcionar en las partes intelectuales de los centros. Es útil asignarse la tarea de controlar la reina de corazones, una parte relativamente insustancial de nuestro ser. Las partes emocionales y mecánicas de los centros se oponen al recuerdo de sí; por lo mismo, hay que disminuir su actividad para que puedan emerger los centros superiores. Nuestros enemigos internos son numerosos y las posibilidades de escapar son pocas sin la ayuda externa inherente a una escuela consciente. Cristo dijo: «Los enemigos del hombre serán los de su propia casa».

¿Cómo podemos distinguir las emociones de la reina de corazones de las del rey?

El objeto de la emoción indica qué parte del centro emocional ha emergido. Diferentes partes de la máquina se interesan en diferentes objetos. Si uno se siente infeliz por su incapacidad de recordarse a sí mismo, puede atribuir su dolor al rey de corazones. Si en cambio se siente infeliz por una relación, la identificación ha entrado en la reina de corazones.

¿Alguna vez renunciará la máquina a la idea de estar perdiendo algo?

Debemos recordar que todos los «yoes» son sustitutos del recuerdo de sí. La máquina está siempre al acecho para minar el recuerdo de sí, porque una máquina no puede recordarse a sí misma. No puede estar presente; por lo mismo, a menudo siente que falta algo, cuando *tú* estás presente.

¿Cómo podemos trabajar con el estado de horror que experimentamos al ver con mayor claridad nuestra condición?

Por fortuna, dichos estados generalmente duran pocos minutos. Cuando uno se espanta con las observaciones de su mecanicidad, significa que la reina de corazones ha surgido. La máquina tratará de usar el pánico para minar el trabajo; esto tampoco es el recuerdo de sí. Puedes inmediatamente resolver este problema recordándote a ti mismo.

La codicia es insaciable y es un aspecto desagradable de la parte emocional del centro emocional. La reina de corazones sólo quiere querer; ésa es una forma de ocupar espacio. Cuando uno la satisface, no tarda en querer otra cosa. La reina de corazones se distingue por su falta de relatividad y por su deseo de satisfacción inmediata.

La reina de corazones no es inútil; simplemente no es el sí mismo. Cuando la atención dividida la acompaña en estado de esencia es adorable.

¿Cómo podemos fotografiar con precisión la energía sexual?

El centro sexual es el depósito de energía de la máquina. Es un nivel de creación diferente de los otros centros inferiores. El centro sexual es un mecanismo diseñado para depurar materiales, como la comida que consumimos, el aire que respiramos o las impresiones que recibimos. Mecánicamente asiste a los centros inferiores, pero su propósito invisible más elevado es servir para el recuerdo de sí. El centro sexual transforma los hidrógenos en energía más refinada y, con el recuerdo de sí, el producto de esta transformación se deposita en la glándula pineal, a la que Descartes llamó «el Trono del alma». El funcionamiento incorrecto de los centros hace mal uso de la energía sexual. Es difícil fotografiar al centro sexual, porque funciona a gran velocidad, pero una forma de detectarlo es cuando vemos que nuestras actividades revelan un fervor creciente. Por ejemplo, cuando notas que te mueves demasiado rápido y te sientes electrizado, la energía sexual se ha infiltrado en uno o más centros. Esto generalmente sucede cuando se descansa demasiado y no se hacen suficientes esfuerzos durante el día. Para librarte del exceso de energía sexual, puedes tratar de permanecer despierto hasta tarde. Si piensas acostarte a medianoche, trata de no hacerlo hasta la una. Puedes utilizar la energía sexual para los centros inferiores, para los centros superiores o para ambos. Nosotros tratamos de usarla principalmente para los centros superiores y hacemos su uso más elevado cuando transformamos las emociones negativas en un cuerpo astral. La mayoría de la gente utiliza la energía sexual para la procreación, que es una increíble expresión del centro sexual, así como también de los demás centros. La procreación es, en cierto modo, sublime, sublime hasta el punto de que la gran mayoría de la humanidad siente poca o ninguna inclinación a ir más allá y llegar a lo divino. El sexo, al igual que la religión, mantiene dormido al hombre. El sexo tiene su lugar; un alma ascendente puede estar bien con o sin él. El sabio lo utiliza principalmente para crear su cuerpo astral.

Cuando controlamos la imaginación y la expresión de emociones negativas, estamos transmutando la energía sexual, pues no es posible oponer resistencia a estas obstinadas formas de mecanicidad, sin el recuerdo de sí.

En cierto nivel, el centro sexual ésta destinado a perpetuar la especie, pero en un nivel superior su función es encender la glándula pineal, recinto del alma, mediante la transmutación de la energía sexual. La naturaleza ha dotado al hombre de energía sexual en abundancia; y nos muestra un diseño parecido en la infinidad de semillas que esparce un solo árbol: cada una de ellas podría a su vez transformarse en árbol, pero muy pocas lo logran. Por lo general, sólo cuando estamos en los centros superiores podemos fotografiar el centro sexual; y aun así es difícil, dada su naturaleza evasiva.

Todas nuestras manifestaciones dependen de la energía del centro sexual. Los centros superiores, la esencia y la personalidad requieren de esta energía, al igual que las emociones negativas, la identificación y la imaginación. Por lo tanto, nuestras vidas son una lucha por dirigir la energía del centro sexual a los centros superiores. La energía sexual puede utilizarse para la unión física, para la transmutación o para ambos fines.

Cuanto más habla uno menos posibilidades tiene de llevar a cabo lo que dice, porque la palabra tiende a desplazar la realidad. Podemos enseñar con acciones lo mismo que con palabras. Agradece que las palabras que compartimos se transformen en ser.

¿Crees que existe una inteligencia detrás de la máquina? Tenemos que trabajar con una máquina increíblemente inteligente, pero raras veces la vemos como lo que es: una máquina. Cada centro tiene su propia inteligencia. El hombre es, por lo general, una buena creación, pero tiene su lado oscuro, sobre todo en la parte intelectual del centro instintivo: el rey de tréboles. El se hará pasar por tonto para ocultarnos su astucia. No debemos subestimarlo; lo inferior consume a lo superior. No importa cuánto se esfuerce, la máquina no puede recordarse a sí misma y siempre hará lo posible por impedirnos estar presentes, aunque no gane nada con ello. La máquina se repite con el fin de adormecernos; nunca debemos creer que nos ha

mostrado todos sus engaños. Cuando alguien está hablando, la máquina ocupa espacio, ya sea produciendo comezón o formulando «yoes» sobre lo que quiere expresar o terminando una frase que otro ha iniciado.

Hasta cierto punto, podemos calmar a la bestia que llevamos dentro, si le damos de comer. También debemos controlar al centro instintivo por medio de la restricción. Ninguna parte del centro instintivo se interesa en despertar. El rey de corazones es el instrumento diseñado para producir los centros superiores. El centro instintivo ha sido diseñado para proteger el organismo mientras exista en la Tierra.

El centro instintivo trata de controlar el ambiente mediante la charla innecesaria, ya que esta manifestación ocupa espacio.

Nunca subestimes al centro instintivo, porque está siempre al acecho para minar el recuerdo de sí. El centro instintivo trata de destruir la esperanza. Antes de poder controlarlo hay que conocerlo, lo cual implica un largo estudio. Pocos pueden empezar a controlar al centro instintivo, porque es un cerebro evasivo y difícil de fotografiar. Ouspensky afirmaba que uno puede fotografiarlo sólo cuando está consciente o cercano a la consciencia. Controlar sus manifestaciones requiere la capacidad de *hacer*, controlando la ley de accidente.

Puesto que comemos aproximadamente ochenta y seis mil veces en la vida (sin incluir refrigerios) necesitamos encontrar formas de recordarnos a nosotros mismos mientras lo hacemos. Incluso, justo antes de empezar a comer es otro momento para el recuerdo de sí, porque uno puede perderse en el centro instintivo. Por lo general, comer produce energía positiva en la máquina, pero comer en exceso prepara el terreno para que la consideración interna desplace al recuerdo de sí. En la escuela usamos las comidas como medio para despertar. Estar presente a la comida es una de las pocas veces en que el centro instintivo está a favor del recuerdo de sí.

El centro instintivo finge la consciencia y cree que puede ser el tercer estado. Esperar que el centro instintivo experimente el tercer estado es como pedirle a una vaca que vuele. La experiencia del tercer estado corresponde al cuerpo astral o alma. Sin embargo, cuando ponemos atención mientras comemos, utilizamos al centro instintivo como medio para el recuerdo de sí.

Al centro instintivo le gusta poner estatuas en las tumbas, lo cual produce la ilusión de permanencia. Pero aun la piedra cede al tiempo. El recuerdo de sí no cede al tiempo; es lo único que puede vencer a la muerte. Los métodos subjetivos para despertar provienen del centro instintivo. En realidad son una forma de expresión de este centro.

La parte intelectual del centro emocional contiene un mecanismo que puede aprender a apreciar la belleza sin identificarse con ella. Es una suerte que la belleza nos conmueva, pero no a costa de controlar nuestras emociones.

En la *Biblia* está escrito: «Porque ahora vemos a través de un cristal oscuro», lo que desde el punto de vista esotérico significa que percibimos el mundo a través de nuestro tipo de cuerpo, centro de gravedad, alquimia y rasgo principal. Sin embargo, la mayor influencia que colorea nuestra visión es quizá la cultura en que crecemos. Es difícil ver objetivamente, pero es posible. Desde luego que, para hacer observaciones objetivas, es necesario poseer un conocimiento objetivo; y un conocimiento tan poco común es una propiedad de la consciencia. Adquirir la capacidad de ver la condición humana con objetividad es un largo proceso; por eso mismo las escuelas son para quienes son buenos amos de casa y no para gente insustancial.

El rasgo principal se fortalece porque uno tiene miedo de los demás y, para topear, actúa con poder, vanidad o codicia. La vanidad es un rasgo fuerte en todos. La máquina vanamente ocupa espacio, porque desea ser la fuerza activa mecánica de la situación. Cuanto más consciente se vuelve uno, menos espacio ocupa.

El rasgo principal ansía clasificar sus manifestaciones favorablemente, porque su existencia ilusoria puede ponerse en peligro.

¿Cómo podemos observar el rasgo principal?

Sólo puedes observarlo cuando estás recordándote a ti mismo. El rasgo principal trata de degradar a los demás, especialmente si están trabajando sobre sí mismos. Cuando uno no está recordándose a sí mismo, el rasgo tampoco desea que lo haga quien se encuentra a su alrededor. Por ejemplo, alguien con rasgo de vanidad habla excesivamente, para concentrar la atención en sí. No hay ventaja ni desventaja en tener este u otro rasgo principal. El rasgo principal fue diseñado para ser transformado, a través del recuerdo de sí, en algo divino: el sí mismo que hay en ti. Pensar que tienes el peor rasgo es una forma de vanidad. Además, si piensas que no tienes un rasgo principal, o si no puedes descubrirlo, probablemente es vanidad.

No hacemos progresos directos contra el rasgo principal. Cada avance tiene sus pausas y retrocesos y, durante muchos años, el rasgo principal se cobra su parte en nuestro ser. El tiempo es un elemento a tener en cuenta, cuando intentamos resistir algún tipo de mecanicidad.

El rasgo principal ocupa el espacio que por derecho pertenece al recuerdo de sí. Cuando se disminuye el rasgo principal, cualquiera que sea, la esencia aflora.

¿No es maravilloso no tener el impulso que desea hallarse en cualquier otro lugar? La máquina no quiere estar presente; sin embargo, aquí estamos, habitando en el presente. Cuando estamos presentes podemos hablar de cualquier cosa, tratando de mantener el recuerdo de sí latente tras las palabras. Evitamos la palabra «yo», porque el tema preferido de la máquina es ella misma.

La imitación tiene mucha fuerza en nosotros. Es difícil no imitar a los miles de millones de personas en el mundo; es difícil luchar contra la imitación, para despertar. La imitación suele ser inofensiva, pero cuando estamos dormidos y no nos damos cuenta de que ocurre, entonces sí es dañina. Tenemos que encontrar la manera de decir «no» a la imitación.

Uno tiene que forzarse por estar presente una y otra vez, porque la máquina quiere sólo dormir. Hay que pasar a través del tipo de cuerpo, el centro de gravedad, los rasgos y la alquimia y trabajar con lo que se presente. El recuerdo de sí es independiente de cualquiera de estos aspectos de nuestra mecanicidad.

El conocimiento que compartimos es volátil y la máquina reacciona a él tratando de aferrarse desesperadamente a sus ilusiones.

La máquina habla y se mueve, pero sin el recuerdo de sí es sólo una ilusión en movimiento.

La máquina es una invención de las fuerzas superiores y está diseñada para que se recuerde a sí misma y para crear un alma. La nave en que vivimos es realmente una máquina, pero tiene un alma o facultad regente que la gobierna.

Si uno no puede controlar la máquina, uno *es* la máquina.

LA FALSA PERSONALIDAD Y LA ESENCIA

Todos tenemos los mismos problemas y las mismas necesidades. Nuestro problema es que estamos en una máquina; nuestra necesidad es recordarnos a nosotros mismos.

La falsa personalidad se opone a controles y a restricciones. Para despertar tienes que vadear a través de la gran fuerza negativa que es la fuerza imaginaria de tu vida, trabajando con la debilidad del momento. Tu eficacia es proporcional al esfuerzo que haces.

La falsa personalidad piensa que las situaciones simples no son tan importantes para el recuerdo de sí. Debemos introducir el recuerdo de sí en cada suceso de nuestra vida, no importa cuán común parezca. Y, en verdad, los numerosos sucesos cotidianos tienen su propio encanto.

Ouspensky decía que la falsa personalidad es atractiva y divertida y que encontrará calificativos que ennoblezcan sus debilidades. Evitar conversaciones divertidas es una meta muy grande; sin embargo, hay que estar dispuestos a dejar de lado todo lo que ocupe el lugar del recuerdo de sí. La falsa personalidad piensa que tenemos que estar en un templo o en un retiro para despertar la consciencia. Es necesario buscar el recuerdo de sí en cualquier circunstancia, porque sin él no existimos.

David (el Mundo seis, el centro intelectual superior) debe acabar con Goliat (la falsa personalidad).

La falsa personalidad se opone al recuerdo de sí, porque su vida imaginaria está en juego. La falsa personalidad ansía la novedad. Va en pos de una novedad tras otra, en lugar de contentarse con la simplicidad del recuerdo de sí. Para la falsa personalidad, el recuerdo de sí es siempre una interrupción. Trata de ignorar los «yoes» que no quieren trabajar.

Nuestro ser se encuentra a prueba cuando no estamos en las reuniones. En tu vida cotidiana con otros estudiantes trata de no convertirte en otra persona, para no alimentar la falsa personalidad ni en ti ni en ellos. Con gente de la vida trata de utilizar la insinceridad intencional y de interpretar el papel de la falsa personalidad.

La falsa personalidad se deja influir por los «yoes» de los demás, porque está sujeta al dominio femenino y quiere gustar. Con el tiempo, uno podrá considerar externamente las necesidades de los demás, sin preocuparse por satisfacer sus expectativas.

La falsa personalidad trata de ocupar el presente en lugar de los centros superiores. Debemos valorar lo que menos interesa a la falsa personalidad: el recuerdo de sí. La principal condición de la falsa personalidad es estar disgustada con el recuerdo de sí. El sistema es muy simple y la falsa personalidad lo mina haciéndolo parecer complicado. A despecho de la cosmología, lo principal es estar donde estás.

A menudo, los estudiantes dejan que la falsa personalidad los engañe haciéndoles plantear preguntas, incluso preguntas sobre ideas esotéricas. Ya he subrayado el hecho de que la respuesta es un estado, no una pregunta. No te dejes engañar por la curiosidad de la falsa personalidad, pues también esto puede minar el recuerdo de sí. El conocimiento del sistema es fantástico, pero puede decepcionarnos si nos preocupamos demasiado por él.

La falsa personalidad no conoce el concepto de unidad; no existe el honor entre ladrones. Los «yoes» de la falsa personalidad pueden lanzar un ataque, pero son incapaces de sostenerlo contra la personalidad verdadera, cuando se ha entrado en el camino.

La impaciencia es mucho más fácil que el recuerdo de sí o que la transformación de las emociones negativas. Es un verdadero engaño, un tope. No tiene sentido ponerse negativo con alguien y luego castigarse por haberlo hecho. Es una pérdida de tiempo, y el tiempo es casi lo único que tenemos. Es difícil para un maestro evitar que sus estudiantes conviertan sus problemas pequeños en grandes problemas, porque la falsa personalidad se siente más importante cuanto más grande es su problema.

Es normal que, al inicio, el despertar sea un proceso destructivo, porque hay que deshacerse de la falsa personalidad para sentar las bases de la personalidad verdadera. Ouspensky decía que el sistema no es popular, porque nos exige renunciar a nuestras actitudes, creencias y manifestaciones mecánicas. Añadió además que, a pesar de eso, no tenemos nada que perder. El proceso de destrucción es saludable si va acompañado del proceso de construcción. La esencia es dulce y no desea que el despertar sea un proceso severo; sin embargo, *es* un proceso severo, se siga el camino de la negación o el camino del amor.

La falsa personalidad es una recopilación de actos inconscientes aprendidos de otras personas, mientras que la esencia es intrínseca, es propia de cada quien. Una esencia en estado de inmadurez es muy limitada, porque no puede dividir la atención. La verdadera personalidad está diseñada para desarrollar la esencia.

Nuestra parte real es fuerte. Desde luego, la otra parte, la falsa personalidad, ni siquiera existe, es sólo mentira, imitación, préstamo, y complica todo cuando piensa que sus actos son originales, propios de sí.

Cuando hagas alguna observación difícil acerca de tu mecanicidad, no debes identificarte y empezar una cadena de negatividad. Debes reiterar tu meta de recordarte a ti mismo.

La falsa personalidad no se concibe como algo falso, cree que tiene la respuesta correcta en cualquier circunstancia.

La falsa personalidad, con sus numerosas máscaras, toma el espacio de la verdadera personalidad y del recuerdo de sí. Es un alivio empezar a crear la personalidad verdadera. Podemos ver que la falsa personalidad ha sobrevenido, pero con el recuerdo de sí empezamos a alimentar nuestros centros en forma provechosa y a moldearnos a nosotros mismos.

En el Cuarto Camino es necesario practicar la insinceridad intencional, diseñada para reducir la negatividad que recibimos de la gente común. Sin embargo, la actuación es difícil cuando uno está en esencia y la otra persona está en falsa personalidad. Para lograrlo, es necesario recordarse a sí mismo. No hay situación que no sirva como oportunidad para el recuerdo de sí.

La manifestación de los centros superiores y de la esencia es el resultado de la acumulación de esfuerzos. Si la esencia no aflora es por la falta de esfuerzos. Todos perdemos muchas oportunidades, porque las áreas de fricción que las fuerzas superiores eligen son demasiado sagradas para la falsa personalidad. Si no nos dieran fricción en nuestras áreas de identificación, seguiríamos siendo máquinas.

Tienes que examinar lo que ocupa el lugar del recuerdo de sí y vivir una guerra civil interior.

El recuerdo de sí no depende del tipo de cuerpo, el centro de gravedad, la alquimia o el rasgo principal, porque la consciencia no es las funciones. Cuando se manifiestan los centros superiores, la falsa personalidad los pone en tela de juicio, pues su nacimiento es una amenaza para ella. Nuestro sí mismo es un nuevo ser, es un nuevo hombre.

Criticamos a los demás, porque estamos decepcionados con nosotros mismos. Un aspecto mísero de la falsa personalidad es que, además de degradarse a sí misma, trata de degradar a los demás. Es ley que lo inferior trata de consumir a lo superior.

La risa abunda en la falsa personalidad y en el infrasexo; por eso muchas veces es desagradable. En ocasiones, reímos al entrar en una habitación o salir de ella, pues este tope ayuda a la máquina a establecer su posición en el entorno.

A menudo, la máquina sonríe cuando está bajo presión, aunque no exista razón para sonreír. Esta pseudoemoción es un tope y se origina en la falsa personalidad. Con frecuencia, la risa y la sonrisa son facetas de la falsa personalidad, pero esto no significa que sean dañinas para la evolución, porque la esencia es alegre.

Vivimos en una galaxia enorme. La gente mira más allá de la Tierra hacia las galaxias y se olvida de que vive en un planeta minúsculo. Nuestra galaxia es una parte insignificante del universo. A veces, con ingenuidad, nos preguntamos: ¿Será verdad que esos enormes cuerpos celestes ejercen una influencia sobre nosotros? Tal vez la falsa personalidad no nos deje levantar la mirada al cielo, pues esto revela la insignificante escala de la existencia humana.

La mayor debilidad de la falsa personalidad es que carece de unidad. No tiene el recuerdo de sí.

Algunos estudiantes pierden tiempo porque mantienen la misma relación con una idea, al asociarse con gente que alimenta su falsa personalidad.

No tenemos más que el presente. A la falsa personalidad le encanta el caos. Por lo general no hay fuego; pueden gritar «¡Fuego!», pero no hay fuego. Hay que mantenerse aislado de muchos impostores.

Es evidente que la dualidad forma parte del diseño de la máquina. Tenemos dos ojos, dos orejas, dos brazos, dos manos, dos piernas, dos pies y dos fosas nasales. Si uno estudia fisiognomía puede ver a dos personas distintas en una misma máquina, pues el lado izquierdo del rostro, la esencia, es un ser distinto del ser del lado derecho. El ojo derecho alberga la personalidad y el ojo izquierdo es donde reside la esencia.

La esencia es ingenua y espera que la vida le sea amable; por eso debemos protegerla con la verdadera personalidad, cuando encontremos negatividad. Podemos acordarnos de que los demás son máquinas, en la medida en que sabemos que, sin el recuerdo de sí, también nosotros somos igualmente mecánicos.

El fruto del recuerdo de sí es penetrar en la esencia. Pasamos del Mundo 48 al Mundo 24 y, con el tiempo, a los Mundos 12 y 6. La esencia es tímida y sosegada, suave y delicada, mientras que la personalidad es ruidosa y llamativa.

Una de las limitaciones de la esencia es que se queda fascinada con lo que observa. Necesitamos practicar la atención dividida, para poder transformar la esencia en los centros superiores.

La esencia tiene sus limitaciones. En el tipo marcial, la expresión de emociones negativas es inherente a la esencia, así como el dominio lo es en el tipo saturnino. Un rasgo es incapaz de verse como una debilidad; por eso a la máquina le parece inofensivo. Esta actitud se deriva del pensamiento subjetivo. Por lo tanto, el tipo marcial debe aprender a rechazar las emociones negativas.

Al inicio, el centro de gravedad es una gran fuerza contraria. Con el tiempo, conforme uno estudia el sistema y trata de ser las palabras, empieza a usar su centro de gravedad para despertar, transformando sus limitaciones y desarrollando sus cualidades positivas. El trabajo debe volverse emocional; todo el que entra en el camino se vuelve emocional al penetrar en la esencia, lo cual es independiente del centro de gravedad.

Lo que desplaza las emociones negativas es la esencia, y la esencia es el puente para llegar a los centros superiores.

Todos los tipos son atractivos cuando están en esencia.

Cuando la esencia se da cuenta tanto de sí misma como de lo que observa, los centros superiores están funcionando. Sin embargo, si la rigidez acompaña esta energía, probablemente el centro instintivo está fingiendo ser los centros superiores.

La esencia no tiene valor si no va acompañada de la atención dividida. Básicamente sirve como ornamento de la Tierra y, en cierto modo, el Rayo de la Creación la utiliza.

Rilke dijo: «No creas que la sabiduría es otra cosa que el entendimiento de un niño». Quien no sea como un niño, en esencia, no podrá experimentar su sí mismo.

¿Por qué uno desea concentrarse más en sus talentos que en la consciencia?

Si pudieras poner el mismo esfuerzo en tratar de ser consciente, ¿qué lograrías? Aun así, nosotros deseamos desarrollar los talentos de la esencia a la par que el recuerdo de sí.

La esencia es muy simple; nosotros somos muy simples. Lo trágico es que uno se estorba a sí mismo con sus propios «yoes».

Resiste las inclinaciones de la máquina y verás aparecer tu yo verdadero.

Mucha gente se pasa la vida entera fortaleciendo sus rasgos, en lugar de su esencia.

Necesitamos la esencia para experimentar los centros superiores. Se requieren muchos años, mejor dicho, muchas vidas, para transformar la esencia en los centros superiores.

LOS TOPES Y LOS MUCHOS "YOES"

C asi todo es un tope para el recuerdo de sí. Es mucho más fácil «estar en imaginación», estar identificado o estar negativo que recordarse a sí mismo. Todos éstos son sustitutos cómodos. Como recordarse a sí mismo no es mecánico, es muy difícil. *Cualquier cosa* es una desviación, cuando uno no está recordándose a sí mismo.

Cuando echamos la culpa de nuestra negatividad a las circunstancias o a otra persona, estamos topeando; en tanto culpemos a alguien, esto quiere decir que aún no hemos llegado al fondo del asunto. Topeamos nuestra incapacidad de recordarnos a nosotros mismos culpando a los demás. Ni siquiera podemos culparnos a nosotros mismos. Eso tampoco es recuerdo de sí.

A menudo, los topes actúan cuando no hay recuerdo de sí. Sin embargo, podemos funcionar sin ellos; no son necesarios cuando el recuerdo de sí está presente. Topear* no es un estado permanente. La máquina puede topear por unos cuantos segundos y luego, mediante la atención dividida, se puede alcanzar un estado más elevado. Fortalecemos el deseo de despertar eliminando los topes y las ilusiones, aunque este proceso lleva tiempo. Con el paso del tiempo, comprendemos con mayor profundidad que, sin el recuerdo de sí, todo es estéril.

---

* Topear: Ver Glosario (pág. 251)

Los muchos «yoes» topean la simplicidad del recuerdo de sí. El centro intelectual puede plantear preguntas indefinidamente y distraernos del recuerdo de sí. Deberíamos tratar de ver muchas de estas preguntas como topes. Preguntar por qué ocurren los choques, tiene su lugar, pero la pregunta es insignificante comparada con la transformación de los choques en el recuerdo de sí y en el aferrarse al presente.

El sufrimiento innecesario topea la incapacidad de recordarse a sí mismo. Estar insatisfecho es igualmente un tope para el recuerdo de sí, pero, ¿qué no lo es? A diferencia de la gente que no tiene el sistema, nosotros sustituimos los topes con el recuerdo de sí.

¿Cómo podemos evitar el competir con los demás en el trabajo?

Dándonos cuenta de que la competencia es un tope para el recuerdo de sí, de que no estamos jugando carreras; estamos aquí para ayudarnos los unos a los otros a través de la segunda línea de trabajo. Los «yoes» que se preocupan demasiado por el ritmo que llevamos en la escuela son una expresión de la vanidad.

La autocompasión es un tope para el recuerdo de sí; cualquier emoción negativa también. Es mucho más fácil estar negativo que estar presente. ¿Por qué no sustituir la autocrítica con el recuerdo de sí? Es difícil eliminar los topes, porque hay que sustituirlos con el recuerdo de sí; sin embargo, nada es más real ni más satisfactorio.

¿Qué sientes cuando ves a tus estudiantes identificarse con el modelo de la escuela?

Es un tope para no estar presente, pero casi todo lo es. La Influencia C toma las medidas necesarias para minimizar la identificación.

Lo que ocupa el lugar del recuerdo de sí es una variedad de fenómenos sin importancia, tales como las emociones negativas, la imaginación, la identificación y otros rasgos. La imaginación y la expresión de emociones negativas gastan la energía sexual si el recuerdo de sí no la usa. La imaginación y la expresión de emociones negativas son las principales fuerzas que obstaculizan el recuerdo de sí. Si uno puede controlar estas dos fuerzas negativas, la esencia las desplazará. La esencia es nuestra; a diferencia de la falsa personalidad, no es una imitación. En la medida en que uno se desvía del presente, está en falsa personalidad.

Deberíamos luchar por impedir que el recuerdo de sí desaparezca detrás de nuestras insignificantes emociones cotidianas. Por ejemplo, cuando perdemos una lapicera, no deberíamos dejar que esto influya en nuestra vida emocional. Se trata sólo de una lapicera; en cambio, en nosotros hay algo que puede llegar a ser inmortal mediante la no identificación con lo que pase, sin importar su magnitud.

La impaciencia, al igual que las demás emociones negativas, ocupa el lugar del recuerdo de sí. Con el tiempo, nos damos cuenta de que las emociones negativas están diseñadas para topear nuestra incapacidad de recordarnos a nosotros mismos. Hay muchas emociones negativas que uno puede permitirse y todas ellas intentan ocupar el espacio reservado para el sí mismo. En el cuento «Blancanieves» (el centro emocional superior o Mundo 12) ella recibe el consejo de no confiar en la bruja, quien volvería a aparecer con muchos disfraces distintos. De igual modo, la reina de corazones nos seduce con distintas posibilidades con las cuales identificarnos.

Necesitamos estudiar a los demás, así como estudiarnos a nosotros mismos, para comprender cómo se manifiestan rasgos tales como el de vagabundo, la vanidad o el miedo. Sin embargo, debemos darnos cuenta de que no podemos observar estas cosas si no nos recordamos a nosotros mismos. Cuando evaluamos nuestro trabajo, necesitamos evitar la emoción negativa llamada decepción. Debemos comprender que ganamos algo real y eterno al recordarnos a nosotros mismos, no importa lo pequeña que parezca esta ganancia.

Recientemente hubo un gran terremoto. ¿Pronto habrá terremotos mayores?

Un cataclismo puede ser inminente y podría ser un preludio de la guerra de hidrógeno. Si se hundiera California, no quedaría ningún núcleo de población importante cerca de «Apolo» y la costa quedaría despoblada. Platón dijo: «La humanidad vive en un estado de guerra permanente». La humanidad siempre sufrirá guerras y cataclismos; por suerte nosotros no tenemos que esperar a que haya un terremoto para dividir la atención. Desde cierto punto de vista, da lo mismo que ocurra un terremoto, una guerra o cualquier otra cosa. De todas maneras, no podemos permitirnos el lujo de utilizar nuestro tiempo con negligencia. Todo lo que podemos hacer es recordarnos a nosotros mismos antes, durante y después de un acontecimiento. No podemos esperar a que se cumplan o no las predicciones o profecías, porque entonces nos recordaríamos a nosotros mismos solamente dos o tres veces en la vida. Los choques son material para la evolución; elevarnos por encima de ellos es imprescindible para nosotros. La fuerza contraria, grande o pequeña, es siempre una oportunidad.

Las fuerzas superiores hacen que lo que anticipamos no suceda, para que tengamos cuidado con los «yoes» de expectación.

Las fuerzas superiores, poco a poco, nos acorralan en el presente vivo, al despojarnos de una serie de mentiras.

La muerte es posible para el cuerpo físico, pero nosotros podemos llegar a ser inmortales. Sobrevivir a los muchos «yoes» penetrando el presente: ése es el campo de batalla definitivo.

Ouspensky dijo grandes cosas. Una de ellas es que la consciencia no es una actividad mental. Los centros superiores no son ninguno de los muchos «yoes», ¡gracias a Dios!

Pinocho se convirtió en un niño real (el Mundo 6) y con el tiempo venció al gato y a la zorra (los centros instintivo-motriz y emocional).

El obstáculo no es el acontecimiento, ni la persona, ni la etapa de la vida, sino todos nuestros «yoes».

Piensa en el gran caos interno que vivimos diariamente. Nuestras mentes son fortuitas y se mueven por asociación de un área a otra; llamamos «hombre» a esto. Un nombre generoso para una comedia divina.

Los muchos «yoes» son muy difíciles, ¿verdad? Aparecen sin ser invitados. Debemos tratar de no confundirlos con el «yo» verdadero, porque no son el «yo» verdadero. ¿No es interesante que existan tantos personajes distintos en nuestro ser? Las diferentes partes de los centros ascienden y producen «yoes» que provienen de las funciones respectivas. La mente es como el tiempo: imprevisible. Los muchos «yoes» están totalmente prendados de sí mismos y todos los «yoes» utilizan el mismo portavoz. Es curioso que los muchos «yoes» vayan bailando por nuestra mente y que nosotros seleccionemos el que deseamos expresar. No te preocupes por ellos; mejor preocúpate por el recuerdo de sí.

Cada día es una lucha por rescatar el presente de entre la imaginación. Los muchos «yoes» carecen de unidad, pero nuestro mayordomo tiene el concepto de unidad. De modo que entre conmoción y conmoción, y durante ellas, progresamos. Todos tenemos muchos «yoes» en el centro intelectual, que nos invitan a dejar el presente. Tenemos que escabullirnos una y otra vez hacia el presente a lo largo de nuestra vida.

Los muchos «yoes» nos hacen dar muchas vueltas. Es difícil despegarnos de ellos; de algún modo hay que mantener la distancia en los momentos activos e inactivos. Tenemos que esperar hasta encontrar un «yo» con que podamos trabajar. Pocos pensamientos son útiles; podemos tener treinta o cuarenta pensamientos inútiles, antes de que emerja uno productivo.

No podemos descansar ni un segundo, porque los rasgos o los muchos «yoes» reemplazarán el recuerdo de sí. Es sorprendente lo que merodea en nuestras mentes. Debemos desarrollar un «yo» en el mayordomo, que nos aconseje evitar la distracción de los «yoes». Algunos «yoes» son inocuos; sin embargo, existen a expensas del recuerdo de sí. Además, la falsa personalidad es tan astuta que ciertos «yoes» engañosos tratarán de minar nuestro trabajo, yendo en pos de temas aparentemente inofensivos y fascinantes.

Cuanto más despertamos, son más extravagantes los «yoes» que nos da la Influencia C; sacuden nuestra facultad regente y generan los centros superiores. Todos pasamos por períodos de comportamiento extremado; en esos momentos, nuestro trabajo es recordarnos a nosotros mismos y perseverar. En algún momento tenemos que agotar el espectro del centro emocional. El centro emocional intenta destruir el recuerdo de sí siempre que puede, aun en las ocasiones más agradables. Por la mañana quiere pensar en la tarde.

Los muchos «yoes» son irrelevantes. Son, desde cierto ángulo, como hormigas pululando en el cerebro. Identificarse con ellos es aun peor. Los «yoes» pueden ser engañosos, de modo que a veces no hay que confiar en ningún «yo», sólo estar presente. Cualquier «yo» que no esté relacionado con el recuerdo de sí es un extraño. Convertimos el plomo en oro, cuando transformamos los muchos «yoes» en recuerdo de sí. William Blake dijo: «El águila nunca perdió tanto tiempo como cuando se resignó a aprender del cuervo».

No podemos cambiar nuestro nivel de ser, a menos que no trabajemos más allá de nuestras capacidad actual. En tal caso, como dijo Epicteto: «He aquí la prueba del Monte Olimpo». La máquina tiene muchas manifestaciones que ocupan el lugar del recuerdo de sí. Pero éstas son sólo palabras y tú debes comprenderlo por ti mismo. Tienes que aprender a no dejarte engañar por la máquina y las formas en que intenta minar tu trabajo. Cada máquina tiende a minar el recuerdo de sí de algún modo, porque no puede estar presente.

Debemos aprender a contentarnos con el presente. Marco Aurelio dijo: «Cuando la facultad regente está descontenta con lo que sucede, abandona su puesto».

Después de trabajar con el sistema y con la Influencia C por tantos años, no importa lo que digan los «yoes»; he aprendido a no creerles y dejarlos pasar. Siempre buscamos nuevos «yoes» que podrían minar nuestro trabajo; no deberíamos descuidarnos. Cuando verifiques que la máquina no es real, sentirás el impulso de recordarte a ti mismo.

Algunos estudiantes ya llevaban quince años estudiando con Ouspensky, cuando Rodney Collin lo conoció. Sin embargo, él los superó y llegó a ser consciente gracias a su destino y a su sincero deseo de conseguir el despertar, en lugar de las desviaciones que lo obstaculizan. Aunque en el recuerdo de sí no hay nada para la máquina, cuán alto es nuestro pensamiento cuando buscamos la atención dividida, en lugar de la multitud de desviaciones que nos presenta la máquina. Todo es una alternativa patética, comparado con estar presente.

77

LA IMAGINACIÓN Y LA IDENTIFICACIÓN

E s útil pensar en lo que ha interferido con el recuerdo de
sí el día de hoy. Podemos observar que muchas situaciones
que causaron tristeza o alegría no merecían esos estados,
porque su escala era pequeña. Cuando esperamos que nos
sirvan la comida, debemos controlar la emoción negativa de
fastidio, y cuando nos la sirven, debemos controlar la emoción
positiva de alegría. Ambas son igualmente mecánicas y existen
en un plano limitado.

Una de las observaciones más extrañas que he tenido en mi
larga experiencia trabajando con el sistema es que se nos tiene
que enseñar a recordarnos a nosotros mismos, algo que parece
tan obvio. Olvidarse el abrigo o el paraguas es comprensible,
pero olvidarse a sí mismo es imperdonable. William Shakespeare dijo: «Los hombres son hombres y los mejores a veces
olvidan». Incluso Cristo se olvidó a veces de sí mismo. Cuando
se quedó dormido en la barca y se agitaron las aguas, lo des-
pertaron para que calmara la tormenta. En sentido esotérico,
la barca es la escuela y las aguas la verdad; la verdad estaba
siendo distorsionada.

Cuando uno no se recuerda a sí mismo, está bajo la ley de
accidente. ¿Cuántas veces nos recordamos a nosotros mismos
durante el día? Es como estar en un barco sin timón; el recuerdo de sí es el timón que mantiene nuestro rumbo. Ponerse

negativo cuando la ley de accidente nos controla es tan mecánico como la misma ley. Debemos tener cuidado cuando nos dejamos seducir por las octavas laterales que nos desvían de la octava principal, el recuerdo de sí.

El propósito oculto en el hecho de utilizar apenas la palabra «yo» en nuestras publicaciones es el de disuadir a la gente a tomarse demasiado en serio y pensar demasiado en sí mismos. Los centros superiores no pueden traspasar la autoindulgencia excesiva; ésta nos aísla de los centros superiores y es en sí su propio castigo. Trata de recordar que los estados negativos no perduran, y que en dos o tres días otros estados más elevados los superarán.

La risa suele seguir a los accidentes y es un tope que favorece la identificación. El recuerdo de sí y la risa rara vez aparecen juntos. La risa generalmente está asociada con el infrasexo, aunque tiene su lugar. Puede ayudar a disminuir la tensión y es una forma en que la máquina libera energía superflua.

La identificación con nuestra incapacidad de recordarnos a nosotros mismos es una emoción negativa difícil de superar. Sin embargo, un mayordomo bien desarrollado evitará que esta forma de negatividad sutil obstaculice nuestros esfuerzos ulteriores por despertar.

Cuando uno empieza a despertar, naturalmente se pregunta cómo puede volverse más emocional sin identificarse, pues al identificarse pierde su identidad. Para volverse más emocional, hay que fortalecer el centro emocional inmaduro, valorando el recuerdo de sí en lugar de identificarse con el tema del momento. También es posible volverse más emocional controlando las emociones artificiales que aparecen cuando se actúa inconscientemente.

Por lo general, permitimos que exista identificación porque topea nuestra incapacidad de recordarnos a nosotros mismos. La máquina se identifica con lo importante y lo trivial, con la misma intensidad; tal es su desesperación por minar el recuerdo de sí.

Es sorprendente despertar y descubrir que estábamos identificados con algo trivial. Barremos con todo nuestro trabajo, cuando nos identificamos. Luchar contra la identificación es difícil, pero no valdría de nada si no fuera así.

La imaginación es el estado natural del hombre. Las emociones negativas se pueden controlar mejor que la imaginación. Necesitamos comprender que nuestros problemas son *maya* o ilusión. Nos identificamos con fenómenos relativamente triviales, tales como los hijos, la esposa, el marido o la casa. Cuando despertamos, vemos que estos aspectos de nuestra vida merecen respeto y que, sin embargo, no son reales. Aunque pueden acrecentar nuestra evolución, también pueden obstaculizarla si nos identificamos con ellos.

Nuestro problema principal es cómo evitar identificarnos con los problemas. Con el tiempo, nuestra identidad reemplazará a la identificación. A causa de la identificación renunciamos a nuestro mayor tesoro, el recuerdo de sí.

Hoy estaba hablando con un estudiante que trataba de convencerme de que mi trabajo era insoportable. Le dije: «Al contrario, me gusta mi trabajo de maestro. Puede volverse insoportable tan sólo si me identifico con él». Tenemos que observar con el mayor cuidado y tratar de no identificarnos, para lo cual necesitamos recordarnos a nosotros mismos. A menudo me pregunto: «¿Quieres sacrificar el recuerdo de sí por la identificación del momento?»

La identificación, sea cual sea, es una emoción negativa y coarta el recuerdo de sí. El tema de la identificación no es importante: cero por cero es siempre cero.

Trata de no identificarte cuando observes que la máquina miente, porque todas las máquinas están sujetas a esta manifestación. La mentira se infiltra en los cuatro centros inferiores y cada uno de ellos tiene su serie de mentiras. Si queremos dejar de mentir, tenemos que ponernos la meta de controlar los centros. Para controlarlos, debemos volver al recuerdo de sí, pues no podemos hacer nada en el sueño. No importa qué esté haciendo la máquina cuando estamos dormidos. Nuestros cuerpos fueron diseñados para dormir, no para despertar; así que debemos ir en contra de la naturaleza.

La identificación se disfraza de humildad; lo que consideramos a menudo humildad es identificación con nuestra idea imaginaria de nosotros mismos.

Si no tienes cuidado, pasarás gran parte de tu vida identificado. Tenemos que aprender a reconocer qué es, realmente, la identificación; luego distanciarnos. No hay absolutamente nada en ella. Algunas de las cosas que nos tomamos en serio no podríamos venderlas ni por un céntimo.

La gente quiere símbolos de identidad, porque no tiene identidad propia.

No podemos romper viejos lazos sin dolor, pero en cualquier momento alguno de nosotros puede dejar de crecer; esto es, en realidad, la muerte.

Hoy estaba trabajando con una identificación pequeña y me di cuenta de que la identificación nos roba el tiempo, y el tiempo es lo único que tenemos.

La consciencia tiene grados y la identificación es realmente un estado de locura. Cosas muy pequeñas nos atrapan. Cuando no estamos identificados, vemos la identificación como lo que es: una pérdida de tiempo. A veces la Influencia C retrasa una octava, con el fin de recordarnos para qué estamos aquí; es decir, para que no nos identifiquemos.

La mejor forma de ayudar a quien está identificado es no identificándose uno mismo. Cuando dos personas están identificadas, sus posibilidades de recordarse disminuyen aun más.

Cuando alguien experimenta dolor verdadero, la mejor forma de abordarlo es sin identificarse; aunque ciertas identificaciones son difíciles, representan una extraordinaria oportunidad para crecer. Debemos intentar el control de las emociones negativas, no importa cuán justificables parezcan. Debemos recordar que existe una acción correcta elevada: la prerrogativa de ser uno mismo.

Tenemos dificultades con los demás, porque tenemos dificultades con nosotros mismos.

¿Cómo podemos desarrollar la voluntad, sin identificarnos con nuestros esfuerzos?

La identificación, no importa de qué se trate, es una emoción negativa. Ciertas capacidades se vuelven inalcanzables si las buscamos con demasiado celo. Por eso no podemos encontrar el sí mismo cuando nos preocupamos demasiado por nosotros mismos. Observar resultados reales puede crear emocionalidad en el trabajo, pues el sí mismo aparece cuando trascendemos la identificación. Muchas ideas del sistema sólo pueden comprenderse si hemos tenido una experiencia auténtica de los centros superiores.

No podemos evolucionar, si no confrontamos nuestras identificaciones más profundas.

¿Cuál es la mayor fuerza contraria para el recuerdo de sí?

La imaginación, que es el estado natural del hombre. Podemos olvidar que lo que sucedió en nuestra imaginación nunca ocurrió realmente. Es un estado contra el cual tendremos que luchar toda la vida.

La imaginación es una manifestación tan nociva como la expresión de emociones negativas y, aunque la máquina parezca más tranquila cuando está «en imaginación», no quiere decir que estemos despiertos. Tenemos que seguir tratando de atravesar la nube de la imaginación una y otra vez. Omar Khayyam dijo: «Había allí una puerta, mas sin llave la encontré; también había un velo que no me dejaba ver». El velo es la imaginación y la llave es el recuerdo de sí. Alzamos el velo mediante el recuerdo de sí. La imaginación es una de las últimas barreras entre nosotros y los centros superiores.

La imaginación consume energía y se inmiscuye en cualquier circunstancia, de modo que la realidad puede llegar a parecer una experiencia extraña. Cuando te entregas a la imaginación, algo grande desaparece tras algo pequeño. El recuerdo de sí es muy accesible y puede penetrar cualquier momento del día. Puede comenzar en cualquier instante e interrumpir cualquier emoción negativa. La imaginación predomina más que el rasgo principal: es nuestro mayor enemigo.

Es interesante estar en este cuarto esta noche y pensar en estar aquí mismo dentro de treinta años. La lucha será la misma: estar presente, saborear el vino y escuchar la música. La imaginación es una maldición que nos perseguirá el resto de nuestros días. Algunas formas de imaginación negativa son menos dañinas que otras, aunque la falsa personalidad puede considerarlas incluso agradables. Cuando comprendemos sinceramente que la imaginación no es el recuerdo de sí, empezamos a separarnos de ella con acierto. Cada segundo de recuerdo de sí penetra la imaginación y atraviesa la eternidad.

Podemos ver lo desesperada que es nuestra condición, cuando nos descubrimos «en imaginación» mientras se está hablando del recuerdo de sí. Podemos recordarnos a nosotros mismos, pero, para hacerlo, tenemos que desear despertar.

¿Cómo podemos trabajar con la imaginación sexual?
Toda la imaginación, no importa de qué se trate, existe en el

84

mismo plano. Debemos luchar contra las otras formas de imaginación, al igual que con la imaginación sexual. Si sigue resultando difícil, habrá que considerar la posibilidad del matrimonio.

La falsa personalidad no quiere que su falsa vida de imaginación se vea interrumpida por la realidad del recuerdo de sí.

La mente formatoria ocupa mucho espacio en todos nosotros. Cuando estamos en el tercer estado, la máquina busca palabras para describirlo. Cuando experimentemos los centros superiores, debemos protegerlos con mucho cuidado, pues la máquina quiere interrumpirlos. Utiliza distintos métodos para volver a adormecer al sí mismo. En cierto punto del desarrollo, un «yo» que sirve para proteger una experiencia elevada es: «No confíes en ningún 'yo'; está presente ahora».

William Shakespeare dijo, «... pues todo el día nuestros ojos se posan sobre cosas sin mérito» A menudo no estamos presentes a la simple belleza que hay a nuestro alrededor, porque la imaginación disputa con el presente por nuestra atención. La imaginación no nos lleva a ninguna parte; el presente, a todas. La imaginación utiliza la energía que pertenece a los centros superiores. Hay muchas formas prácticas de interceptar la imaginación y estos métodos no aminoran los aspectos místicos del despertar. Mientras más práctica la escuela, más mística. Para interrumpir la imaginación es necesario estar recordándose a sí mismo.

Qué bello es cuando el recuerdo de sí brilla en la oscuridad de la imaginación. La imaginación es como la noche y el recordarse a sí mismo es el día.

¿No es extraño que se nos tenga que enseñar a vivir en el presente? Cuando despertamos y descubrimos a la máquina hablando, nos invade un estado de alarma, porque nos damos cuenta de que la máquina funciona adecuadamente en el sueño.

¿Cómo podemos aprender a tener más compasión por otros estudiantes?

Recuerda que la Influencia C ayuda a todo aquél que entra en el camino y nosotros ayudamos tanto a la Influencia C como a nosotros mismos, mediante la consideración externa. Nos consideramos externamente unos a otros y esto nos permite compartir la experiencia de la esencia. También debemos perdonarnos unos a otros, y a nosotros mismos, por nuestros errores. Estamos aquí porque somos imperfectos. Si no somos sinceros con la gente de la escuela, no estamos recordándonos a nosotros mismos y nos perjudicamos a nosotros mismos, tanto como a los demás. Debemos iniciar el recuerdo de sí muchas veces durante el día. Perdemos el hilo, lo encontramos, volvemos a perderlo y tenemos que volver a encontrarlo. Despertamos, confundidos por lo que hemos dicho o hecho, porque mientras dormimos, simplemente no podemos discernir.

Cuando estés confundido, trata de usar el sentido común en tus acciones; escucha la música, lee el libro, trabaja con lo que tengas ante ti. A lo largo de tu vida puedes utilizar algunos grandes principios que pueden asegurar tu evolución, tales como intentar recordarte a ti mismo, no expresar negatividad y evitar la identificación. A menudo, la identificación es la causa de la confusión. Puedes aprender a evitar las identificaciones no atándote a ellas.

Es una batalla terrible la que tenemos contra la imaginación y la fuerza contraria imaginaria: es simplemente ridículo. No podemos transformar el sufrimiento imaginario; obtendríamos sólo resultados imaginarios. Podemos transformar el sufrimiento real y crear un cuerpo astral imperecedero.

LA FRICCIÓN

Volvemos al mismo tema cada vez que nos reunimos: el recuerdo de sí y sus obstáculos. Dos adversarios comunes del recuerdo de sí son la identificación y la imaginación. Nos persiguen toda la vida y ocupan el espacio que debiera estar reservado para el sí mismo. Aunque el objeto de la identificación cambia, la máquina sigue pensando que si se resolvieran ciertos problemas terminaría la fricción. Sin embargo, no podemos evolucionar sin transformar la fricción.

Uno de los mejores aspectos de la fricción es que se acaba y nosotros prevalecemos. Goethe dijo: «Continúa, porque es tu deber» Tiene que haber tensión en la máquina, para despertar, pero la mayoría de la gente está dormida y no produce suficiente tensión para transformar y así despertar.

Cuando la fricción es intensa y resulta difícil controlar las tormentas internas, debemos actuar con sentido común. Ouspensky decía que, en ciertas ocasiones, cuando no podemos recordarnos a nosotros mismos, podemos tan sólo intentarlo. Cuando la fricción resulta extrema, podemos sucumbir ante ella o volvernos indiferentes. Ouspensky dijo: «Si termina la fricción, termina el recuerdo de sí». Bajo presión real, toda sabiduría filosófica abre paso a la presencia silenciosa de la facultad regente.

Cuando la fricción es intensa, podemos olvidar que la obra está escrita; cuando desaparece, nos damos cuenta de que el choque recibido estaba destinado a revelar nuestra identificación y desarrollar los centros superiores. No se puede escapar al sufrimiento, con o sin la escuela. Si uno es valiente, reza para recibir más ayuda. Se nos ha dado un corazón que puede soportar un gran sufrimiento.

A veces no podemos separarnos de la negatividad que experimentamos. Sin embargo, el control empieza con la observación. Rodney Collin sugirió que, cuando estemos identificados y bajo mucha presión, debemos recordar que tenemos una alternativa más elevada: el recuerdo de sí. Cuando un hombre número cuatro transforma el sufrimiento, está realizando el trabajo de un hombre número cinco incompleto.

Una forma en que la Influencia C trabaja es poniéndonos pruebas o fricción para que las transformemos. Nos dan una fricción tremenda para que la transformemos en un cuerpo astral mediante el recuerdo de sí.

¿Cómo podemos atraer la fricción necesaria para despertar?

Introduce en tu vida el sufrimiento voluntario moderado. La presión artificial es útil para el recuerdo de sí. Encuentra formas de hacer más esfuerzos, no pierdas tiempo.

Necesitamos recibir choques, hasta que ya no nos afecten. Tenemos la fortuna de recibir fricción en forma de choques grandes o pequeños. Si la Influencia C nos provee un choque mientras tratamos de estar presentes, éste actúa como tercera fuerza para producirnos un tercer estado de consciencia. La Influencia C nos da muchos choques para desequilibrarnos. Por fortuna, podemos utilizar tanto los choques pequeños como los grandes para evolucionar. Igualmente, necesitamos tomar la iniciativa utilizando (con moderación) muchas formas de sufrimiento voluntario. Sé creativo en forma positiva.

Un estudiante me dijo que estaba en un intervalo con el recuerdo de sí; eso me sorprendió, porque es una lucha segundo a segundo. Jesús dijo: «El hijo del hombre (el Mundo 6) no tiene un lugar donde pueda reposar su sien.»

La Influencia C te da fricción no porque seas malo, sino porque estás dormido. La esencia lo malinterpreta a causa de la dominancia femenina y tiende a la autocompasión, en lugar de al recuerdo de sí.

¿Cuál es la mayor fricción?

La imaginación y la identificación. El despertar es una lucha segundo a segundo, momento a momento, hora tras hora. Sabemos que tenemos el día de hoy y quizá ni siquiera tengamos el resto del día.

Estos últimos tiempos han sido especialmente difíciles para algunas personas. Un estudiante se cayó de un andamio de cuatro metros de altura. Otro se cayó de una escalera y tiene el cuello enyesado. Dos estudiantes tuvieron un incendio en su casa. Otro fue llamado a declarar en un proceso judicial. Otros dos más acaban de enterarse de que sus madres tienen cáncer incurable. La Influencia C nos está dando fricción para que lleguemos a la cosecha con energía emocional. No esperes que la fricción acabe. Trata de evitar la actitud de decir: «¿Cuándo se terminará todo esto?». Rilke escribió: «¡Qué caras me seréis entonces, oh noches, llenas de pesadumbre! ¿Cómo no estuve más rendidamente arrodillado, inconsolables hermanas, para recibiros? ¿Cómo no me entregué con más abandono a vuestros sueltos cabellos? Nosotros, dilapidadores de los sufrimientos.

¡Cómo nuestros ojos inquieren por anticipado, en la triste duración, su posible término!»

Estamos aquí porque es difícil. Si fuera fácil, ninguno de nosotros estaría aquí.

Recibes fricción cuando la necesitas. Lo bueno de las pruebas es que fuerzan al estudiante verdadero a salir a flote, y al que no lo es lo fuerzan a salir de la escuela. Tengo muchos amigos maravillosos y todos ellos necesitan fricción para despertar. Tenemos que mantener las cosas en perspectiva. No podemos escapar sin fricción y se nos ha enseñado a transformar el sufrimiento. Nuestra moralidad mecánica piensa que la fricción es un castigo, pero la Influencia C no da fricción para castigar, sino para que la transformemos en un cuerpo astral y un alma.

La meta no es sufrir; todo el mundo sufre. La meta es transformar el sufrimiento en un cuerpo astral.

Si nos recordamos a nosotros mismos cuando experimentamos fricción, asimilamos el sufrimiento. De seguro que nadie escapa a la fricción. Uno de los propósitos de la fricción es acercarnos más los unos a los otros y permitirnos crecer mediante las pruebas que se nos presentan. Hay barreras que o las atravesamos o la Influencia C nos las hace atravesar. Puede ser un choque conseguir atravesarlas.

Apenas nos llega la fricción, queremos saber cómo deshacernos de ella; no vemos la hora en que termine. Resistir la fricción es mecánico, transformarla es divino. Cuando estamos bajo presión nos exasperamos; sin embargo, debemos intentar no permitirnos llegar a ese punto. Sucede inevitablemente. La única salida es cambiar nuestro nivel de ser no identificándonos.

No puedo pensar en un antiguo estudiante que no se tambalee cuando está bajo presión. Debemos trabajar más allá de nuestro nivel de ser para cambiar nuestro nivel de ser; por eso, con frecuencia, parte de nuestra obra nos resulta demasiado difícil.

¿Todos tenemos que luchar con la misma fricción?

El objeto de la fuerza contraria no tiene importancia. A veces, la fuerza contraria me estimula, porque es nuestro alimento. En este momento, hay en la escuela una presión maravillosa. Cada uno tiene demasiado para hacer; pero es saludable tener demasiado para hacer.

Es un buen momento recordarnos a nosotros mismos, cuando nuestra vida está en juego. Homero dijo: «Someteos en silencio.» La única respuesta es el recuerdo de sí. Todos somos aplastados, pero sobrepasamos nuestras pruebas y somos mucho más fuertes tras ellas.

Durante las pruebas, trata de mantener un cierto grado de recuerdo de sí. Simplemente soportar la fricción nos indica que nos acercamos al nivel del mayordomo.

No podemos escapar pensando, no podemos escapar riendo ni llorando; tan sólo podemos escapar mediante el recuerdo de sí.

HACER ESFUERZOS

La vida duerme y nosotros vamos contra la corriente. Como el salmón, que tiene un fuerte instinto de volver a casa, tenemos que nadar contra la corriente del sueño de la vida para recordarnos a nosotros mismos y desarrollar nuestra alma. ¿Qué significa ser un hombre sino luchar contra la corriente de las masas y mediante grandes trabajos y pruebas desoladoras crear un alma? Empezamos con el recuerdo de sí por la mañana y terminamos con él por la noche. Nunca podemos permitirnos poner a un lado el recuerdo de sí; dejaríamos de existir.

No puedes despertar a menos que hayas verificado que estás dormido.

El sueño es tan poco interesante que nos impulsa a despertar. La gente no hace más esfuerzos por despertar, porque no comprende que tiene un tiempo limitado. Cuando en verdad comprendemos profundamente que tenemos el tiempo limitado, sea cual sea nuestra edad, nos esforzamos por despertar con todo nuestro ser. Con el paso de los años, las fuerzas superiores se vuelven más serias con nosotros.

Sería bueno decir que el material de este libro quedó atrás. Pero el recuerdo de sí nunca se queda atrás. No tiene impulso propio y es siempre una batalla cuesta arriba. Leonardo da

Vinci dijo: «Oh Dios, nos vendes todo lo bueno al precio del trabajo». Estamos en una situación extremadamente difícil. Casi nadie se da cuenta de la magnitud de lo que puede ganar o perder en esta vida. Gana la inmortalidad o cae en el olvido, o algo peor. Cada segundo que te recuerdas a ti mismo, atraviesas la eternidad.

Nadie se pone la presión suficiente para despertar; por eso la Influencia C nos da choques. Se requiere más de lo que sabemos para despertar y más de lo que la máquina está dispuesta a admitir. El Salmo 127 dice: «A menos que el Señor construya su morada, quien la construye trabaja en vano». En el lenguaje esotérico, esto quiere decir que quien construye sin el recuerdo de sí construye en vano, pues en la Biblia el «Señor» representa los centros superiores, y «El Señor nuestro Dios» representa al Absoluto. No podemos cosechar si no sembramos. Sembramos con el recuerdo de sí y al final de nuestras vidas cosecharemos lo sembrado.

Recuerda que estás presente por ti mismo, al igual que por la escuela. Todo lo físico perece. Tú, con la atención dividida, seguirás existiendo.

Trabajamos para hacer comprensible lo incomprensible. El recuerdo de sí es un reto que debemos aceptar; aunque a veces nos parezca demasiado o que está más allá de nuestras capacidades o de nuestro nivel de ser. Tenemos que hacerlo cada día. Las respuestas para penetrar el presente son simples; sin embargo, los esfuerzos son difíciles. Aun así, estamos ganando.

El poeta Rainer Maria Rilke dijo: «Es penoso ese recobrarse plenamente». Una y otra vez tratamos de recuperar de la imaginación el recuerdo de sí, y eso cansa, pero no podríamos tener batalla más valiosa en nuestras manos. Pasamos por terribles períodos de imaginación y luego volvemos a la tensión del recuerdo de sí. Prácticamente en todo lo que hacemos, muchos de nuestros esfuerzos van dirigidos al recuerdo de sí y están relacionados con la cultura. Las oportunidades de estar presentes siguen siendo las mismas con el paso de los años.

Una de las razones por las que el recuerdo de sí nos atrae es que es muy difícil. Es el único reto que hemos encontrado en la vida y lo único que no es mecánico. El valor puede tener limitaciones, y el despertar necesita más perseverancia que valor. En resumen, se trata simplemente de tolerar, y es un buen sitio donde estar.

Hay un pasaje de Goethe que me recuerda a un hombre número cuatro buscando el recuerdo de sí; tan difícil es que a veces parece una ilusión: «Vosotras, trémulas formas, como siempre os acercáis una vez más; hace cuánto mis ojos nublados os vieron pasar. Aferrarme a vosotras, ¿me esforzaré esta vez? ¿Aún valora mi corazón esa extraña ilusión?»

Después de pasar un día trabajando para la escuela, tratando de estar presente, de no expresar negatividad y de evitar caer en la imaginación, nos sentimos cansados; sin embargo, usamos bien el día. Nada se gana con abandonar el trabajo. La verdad clara y simple es que no hay otra alternativa más que hacer esfuerzos por estar presentes, cada día, por el resto de nuestras vidas.

Los estudiantes que entran en el camino trabajan al máximo. Nunca dejes de lado el recuerdo de sí. La consciencia no se puede regalar, se tiene que ganar mediante esfuerzos y con la ayuda de las fuerzas superiores.

Sigue actuando con sentido común y trata de eludir el pensar en ti mismo. Lee, véte a dar un paseo, cuida a alguien. Evita la autoindulgencia excesiva. La Influencia C hace cosas atroces para generar el proceso de eliminación de gente en la escuela. No me opongo a ello; estoy completamente de acuerdo. Limpia la escuela.

Al tratar de despertar, tenemos que darnos cuenta de que no hay garantía. Goethe, uno de los seres conscientes más inteligentes, escribió en su *Fausto*: «A este pensamiento me aferro con firmeza, al fruto del saber profundo y verdadero: la vida y la libertad tan sólo las merece quien día a día de nuevo las alcanza». Si quieres ser inmortal, lo conseguirás. Si quieres otra cosa, la obtendrás. La mayoría de la gente se pasa la vida buscando la Influencia A en lugar de la Influencia C.

Ouspensky subrayó la necesidad de controlar las funciones. Sin embargo, cuando nos encontramos en situaciones catastróficas, estamos propensos a perder el control. ¿Cómo hemos obtenido el control que tenemos? Con esfuerzos, tiempo y la separación del sufrimiento.

¿Qué significa hacer superesfuerzos?

Cicerón dijo: «No hay momento en que no haya algo que hacer». Cuando no hay nada que hacer, siempre tenemos la tarea de recordarnos a nosotros mismos. La seriedad de nuestro trabajo es proporcional a la comprensión de la profundidad de nuestro sueño. Un maestro sólo puede comunicar el *conocimiento;* un maestro no puede comunicar el *ser*: es tu responsabilidad ser las palabras.

A veces hablo como si supiera, pero hablo por mí. No espero que lo que digo se acepte como verdadero o se rechace como falso, sino que se tome en forma neutral, como una teoría, y que se verifique. De todos modos, sé lo que sé. Muchos conceptos con los cuales batallan los estudiantes, para mí son hechos: tipo de cuerpo, centro de gravedad, rasgo principal, alquimia. Pero hasta que éstos sean hechos para ti, tienes que esforzarte.

Diariamente debemos trabajar más allá de nuestras capacidades para cambiar nuestro nivel de ser. Es una ley. Somos capaces de hacer mucho más esfuerzos y la Influencia C tiene que usar su tiempo para extraérnoslos.

No te puedes jubilar del recuerdo de sí. Un estudiante de setenta años debe hacer el mismo esfuerzo por crear sus centros superiores que uno de veinte.

No debemos contentarnos con ir al mismo paso de cualquier otro. Las últimas palabras de Ouspensky fueron: «Objetivo, objetivo, más esfuerzo, más esfuerzo». Entonces, su cuerpo físico murió y su cuerpo astral quedó liberado. Ponte la meta de recordarte a ti mismo y haz más esfuerzos por cumplirla. Se necesitan más esfuerzos para despertar de lo que podemos comprender. Los choques ayudan a «exprimir» de nosotros esta comprensión.

El principio más importante que guía tu vida es el recuerdo de sí. Los esfuerzos basados en la identificación disminuyen a medida que empiezas a despertar. El recuerdo de sí debe ser una batalla perpetua y es el más caro de todos los trabajos, pues lo·valioso no se obtiene sin esfuerzo. Debes transformar el sufrimiento para apreciar lo grandioso en las cosas simples de la vida.

¿Cuál es el origen de la tensión en la máquina y cómo podemos usarla para el recuerdo de sí?

Vivimos en una era mecánica que produce tensión. Tiene que haber tensión en la máquina para despertar. El recuerdo de sí disminuye la tensión, al fomentar el trabajo correcto de los centros. Podemos tratar de controlar el centro motor relajando los músculos faciales, pues cerrar la boca con firmeza —raro en los niños— es señal de tensión.

Una forma de evitar el uso de las palabras para grabar impresiones es el ejercicio de mirar. Es normal tener un pensamiento distinto con cada latido del corazón. Si giramos la cabeza un poco cada tres segundos, podemos cortar los «yoes» que quieren reaccionar a lo que observamos. Al caminar, también podemos dirigir nuestra atención hacia un objeto que esté a cierta distancia y no permitir pensamiento alguno hasta que hayamos pasado esa impresión. Estos ejercicios pueden servir para acompañarte al presente.

¿Cómo podemos utilizar la comprensión de que ha transcurrido mucho tiempo desde la última vez que intentamos recordarnos a nosotros mismos?

Cuando te sientas decepcionado por no recordarte a ti mismo, trata de hacerlo inmediatamente. Utiliza esta observación como catalizador para hacer más esfuerzos; de algún modo aumenta tu deseo. También recuerda no ponerte negativo, porque la Influencia C va a sacudirte del sueño; asegúrate de escoger el recuerdo de sí, en lugar de la autocompasión.

Tenemos una gran tarea, más grande de lo que cualquiera sabe. Consiste en recordarnos a nosotros mismos diariamente, tanto en situaciones ordinarias como en situaciones penosas, hasta nuestro último aliento. Tenemos que esforzarnos por recordarnos a nosotros mismos en las circunstancias más humildes, porque el recuerdo de sí no tiene impulso propio. Ouspensky decía que un hombre número cinco puede estar presente cuando lo necesita; pero incluso eso ya es mucho trabajo. Cuando escucho un concierto, por ejemplo, siento que tengo tanta responsabilidad de escuchar cada nota, como el artista la tiene de tocarla.

Cuando tenemos «yoes» que desean resultados inmediatos por nuestros esfuerzos, podemos estar seguros de que no estamos recordándonos a nosotros mismos. Sin embargo, estos «yoes» pueden ser un choque muy útil para ayudarnos a recordarnos a nosotros mismos. Al principio, los estados negativos parecen una maldición, pero después se vuelven una bendición, conforme empezamos a transformar la negatividad. Por fortuna, el recuerdo de sí engendra recuerdo de sí y es su propia recompensa.

¿Cómo podemos actuar con consistencia?

Si pudiéramos actuar con consistencia, estaríamos actuando conscientemente, porque tendríamos unidad y no seríamos personas distintas en distintas circunstancias. Al estudiar a las personas, vemos en ellas varios grupos de «yoes» que dependen del cambio de las circunstancias. Debiéramos esperar cierta consistencia de alguien que está en una escuela, porque está tratando de llegar a la unidad. La consistencia se basa en el recuerdo de sí. Para actuar con consistencia se requiere la unidad; para llegar a la unidad se requiere el recuerdo de sí. Para recordarte a ti mismo debes tener la meta de estar presente.

Debemos observar si experimentamos la misma personalidad y si hacemos los mismos esfuerzos en privado y en público. Si nos comportamos de forma distinta en público, nuestros esfuerzos están basados en la vanidad o en la dominancia femenina.

¿Cómo podemos estar más en el presente, si la máquina desea planear las necesidades del futuro?

Cada cosa tiene su momento. Hay un espacio para planear el futuro, lo cual es sentido común. No prolongues este proceso y, una vez terminado, concéntrate en el presente. Mientras haces planes, utiliza el sufrimiento voluntario moderado, colocando el papel en un ángulo algo incómodo o sentándote pegado al escritorio, etcétera.

El «yo» que dice: «Este estado no es permanente» es el principio del final de las emociones negativas.

Tuve un poco de dificultad para escuchar música esta noche. Un «yo» de trabajo me aconsejó, con tono amable y sin juicio: «Si no puedes escuchar no puedes hablar». Fue la tercera fuerza que me ayudó a escuchar. Los «yoes» de trabajo son valiosos y son una bendición cuando aparecen en el momento en que los necesitamos. Por desgracia, a un hombre número cuatro el «yo» de trabajo correcto le llega a menudo cuando ha terminado la batalla interna.

Es un gran esfuerzo utilizar las pequeñas oportunidades para recordarnos a nosotros mismos, y una buena parte de nuestra lucha en esta vida está dedicada a nuestro crecimiento. Somos gente que bebe hasta la última gota, gente totalmente comprometida con el despertar, porque sin despertar no podemos esperar una recompensa completa. Los logros más hermosos están al alcance de todos, pero debido a la negligencia del hombre, rara vez se consiguen. Cuando nos fijamos una meta y la descuidamos, más tarde despertamos y nos conectamos nuevamente con el hilo evasivo de la consciencia.

Es importante no colmar nuestra vida con actividades, sino hacer bien lo que hacemos. Debiéramos disfrutar de la lectura de un libro, en lugar de tratar de acabarlo. Nunca te permitas estar tan ocupado, tan apresurado, que te olvides de ti mismo.

¿Cómo podemos incluir el elemento de renuncia en nuestra lucha constante por recordarnos a nosotros mismos?

Debemos comprender profundamente que no tenemos nada que entregar; no renunciamos a nada y obtenemos algo.

Nunca dejes de hacer esfuerzos; recuerda tu meta con tenacidad. Cambiamos sin presionar, y los esfuerzos que hacemos en una dirección pueden dar resultados en otra. No necesitamos que algo externo suceda para que nos estimule a recordarnos a nosotros mismos. El recuerdo de sí es acumulativo; cuanto más te recuerdes a ti mismo, más podrás recordarte a ti mismo.

Es fructífero trabajar con personas que no necesitan ser convencidas de la necesidad de recordarse a sí mismas. Los estudiantes se meten en problemas porque piensan que pueden dejarse ir. Puede sorprendernos que, para despertar, tengamos que trabajar. El despertar no nos ocurre. Muchos no van más allá de la fascinación y dejan la enseñanza cuando en realidad tienen que empezar su trabajo cotidiano.

Nos esforzamos hasta el límite. Sigue volviendo al recuerdo de sí, sigue tratando de recuperarlo; es lo único que vale la pena perseguir.

¿Por qué el trabajo es más difícil cuanto más se avanza?
Porque no te dejas llevar por la imaginación, por tu idea imaginaria de ti mismo. Dejamos de estar satisfechos con la imaginación y hemos dejado de engañarnos con respecto a nuestra condición.

El trabajo real empieza con la comprensión de que el hombre es una máquina. En el instante en el que nos damos cuenta de que somos máquinas, empezamos a dejar de ser mecánicos.

Al final, la gente tiene o no tiene lo necesario para continuar; el camino es duro, pero es el único que vale la pena.

EL SUFRIMIENTO

Uno es más capaz de recordarse a sí mismo, cuando está tratando de separarse del sufrimiento. Saber esto no es agradable y es una de las principales causas de que el sistema no sea popular. Sin el recuerdo de sí, el sufrimiento es inútil, porque lo que buscamos no es el sufrimiento sino la transformación del sufrimiento.

Tenemos una actitud errónea hacia el sufrimiento. Creemos que es inútil y no sabemos cómo usarlo en forma adecuada. Cuando las circunstancias son difíciles, uno se pone negativo, pero debe recordarse a sí mismo para transformar el sufrimiento. La máquina cree que las palabras disipan el sufrimiento, pero no hay palabras que puedan aliviar ciertos tipos de fricción. Sólo la aceptación puede reducir al mínimo el sufrimiento intenso.

El sufrimiento innecesario es producto de una mente perezosa: es mucho más fácil sufrir sin necesidad que recordarse a sí mismo.

No tiene mucho sentido que algunos estudiantes reciban grandes choques, porque confunden un sufrimiento pequeño con un sufrimiento grande; no sabrían cómo separarse de un gran choque. Esto tiene relación con la tendencia de la máquina a exagerar y agrandar el sufrimiento.

Conforme vemos pasar los meses y los años, nos damos cuenta de que el mayor sufrimiento es, irónicamente, el sufrimiento *innecesario*. Nos dejamos llevar por el sufrimiento innecesario porque es muy difícil recordarnos a nosotros mismos. Como creamos confusión o problemas imaginarios, tomamos en serio muchos sucesos que de ninguna manera justifican la preocupación. Shakespeare dijo: «Se burla de las cicatrices que nunca sintieron una herida». Si el hombre renuncia a su sufrimiento imaginario, ve que lo que persigue es hueco y que él no existe. Debe llenarse este vacío con el recuerdo de sí.

El sufrimiento innecesario es la causa de gran parte de la desdicha. El temor y el resentimiento pueden hacer que dos minutos de sufrimiento se prolonguen varias horas. A menudo, entre tú y el recuerdo de sí está el sufrimiento innecesario. Debes adquirir el hábito de oponerte al miedo con el recuerdo de sí. La turbación que te invade porque no puedes recordarte a ti mismo es, por el contrario, material para el recuerdo de sí.

El dolor real no es una emoción negativa cuando va acompañado de la moderación y el silencio.

Gurdjieff decía que, para despertar, es necesario recurrir al sufrimiento voluntario. Algo que he usado durante muchos años es mantener los pies juntos y apoyados en el suelo mientras estoy sentado a la mesa. No los tuerzo ni los muevo de un lado a otro. Encontrarlos fuera de lugar es una señal que me recuerda volver al presente. El sufrimiento voluntario debe ser discreto; los demás no deben notarlo. Puedes tratar de no tomar café o té, o de no comer verduras o carne durante una semana; hay que irritar a la máquina continuamente. Tu alma es la gran perla preciosa y, como todas las perlas, debe ser creada mediante la transformación de la irritación. Cuando vas solo en el auto, siéntate del lado derecho o del lado izquierdo, o hacia atrás del asiento; o sobre una casete. Pon la radio en una estación que no te guste; sube el volumen. No derrotes tu voluntad; utiliza el sufrimiento voluntario durante quince minutos y luego cambia a otra cosa. Existe una salida, pero debes ser creativo para encontrarla.

¿Cómo podemos aumentar el sufrimiento voluntario?
Haz lo que la máquina no quiera hacer o dale lo que no le guste. Cuando la máquina no tenga un sufrimiento grande con el cual trabajar, uno pequeño cumplirá la misma función.

¿El sufrimiento voluntario es una presión artificial o auténtica?
Es artificial y es auténtica. Es una presión artificial que produce un resultado real.

En el sufrimiento voluntario hay un elemento de voluntad; sin embargo, dicho esfuerzo debe ocupar sólo una parte del día. Puede ser útil evitar esfuerzos extremos para sufrir voluntariamente, porque la falsa personalidad se pondrá metas imposibles para impedir nuestro progreso y hacer que el despertar parezca imposible.

¿Es más fácil recordarse a sí mismo cuando uno está relajado o tenso que cuando se siente neutral?
Los tres estados son matices del recuerdo de sí. Puede encontrarse al sí mismo presente cuando se está relajado, tenso o neutral.

Recientemente vi una película sobre Africa. Había filas de personas que tenían una enfermedad que causa ceguera. Parecía que su situación no podía ponerse peor; pues no sólo estaban ciegas, sino que además llevaban bastones y, apoyándose unos en otros, se seguían, caminando sin rumbo. No había adonde ir en aquel lugar desolado. El universo es complejo. ¿Por qué existe un sufrimiento tal? Tal vez sea la naturaleza de los materiales lo que crea el sufrimiento. Dios tuvo que sufrir hasta lo indecible para crear su cuerpo astral, y el hombre fue hecho a su imagen y semejanza.

Cada uno debe verificar que en verdad tiene un destino consciente. Si esto es cierto, significa que debe haber una obra ya escrita para que se lleve a cabo este destino, pues un destino consciente no puede ser accidental. El libreto es real y el sufrimiento es real, pues sin estos elementos no puede producirse un estado real.

Los estudiantes deben aprender a separarse del sufrimiento del maestro, así como el maestro debe separarse de las pruebas que tienen que pasar sus estudiantes. A pesar de esto, seguiremos teniendo compasión los unos por los otros. El sí mismo y el sufrimiento a menudo deben seguir un camino solitario, místico. No deseo ocultar la realidad de que son compañeros melancólicos. Sin embargo, hay luz al final del túnel.

En medio de la fricción, uno de los «yoes» más útiles que podemos fomentar es: «¿Cómo puedo trabajar con este sufrimiento en forma distinta a la de alguien que no tiene el sistema?»

Creemos que no deberíamos sentir dolor porque nuestras madres hicieron todo lo posible por aliviar nuestro sufrimiento. Esta es una forma de dominancia femenina. Nos programaron para evitar el dolor y cultivar una existencia biológica basada en el sueño cómodo. El despertar es un regalo divino y las fuerzas superiores usan reglas totalmente distintas de las que usaban nuestras madres. Sin embargo, los dioses nos aman conscientemente. Los dioses son nuestros padres y nosotros somos sus hijos. Nos están haciendo como ellos, inmortales. Epicteto dijo: «Nunca abandonaría a mis verdaderos padres, los dioses». Tampoco ellos lo abandonaron; de hecho, él es ahora uno de ellos.

Somos personas que han sufrido para encontrar una escuela. Aquí se nos enseña a transformar el sufrimiento en recuerdo de sí.

Tenemos la suerte de ser los receptores del trabajo de la Influencia C. Ellos nos han dado la misión de desarrollar nuestra escuela. Aquí hemos recibido más que nuestra cuota de comprensión; por lo tanto, también hemos recibido más que nuestra cuota de sufrimiento.

El sufrimiento nos da vida. Esquilo dijo: «La sempiterna ley de la sabiduría es que la verdad sólo puede aprenderse sufriéndola» Transformar el sufrimiento requiere del recuerdo de sí.

Nada podemos hacer con el sufrimiento más que transformarlo y estar presentes; al fin y al cabo, eso es todo. Nuestros aspectos negativos nos crean sufrimiento que, si es transformado, da vida a los centros superiores. La mejor forma de trabajar con el sufrimiento es aceptarlo; no apartarlo, sino dejar que siga su curso. Tal vez lo más doloroso del sufrimiento sea desear que termine, porque cuando lo aceptamos nos elevamos por encima de él. La vida tiene muchos momentos desagradables que debemos soportar con el sistema o sin él. Nos lleva mucho tiempo aprender a no escapar del sufrimiento, a aceptar lo que las fuerzas superiores nos han dado. Obviamente, duplicar el sufrimiento tratando de escapar de él es una locura.

La vida sería mucho más difícil si no tratáramos de mejorarla. Sólo podemos nacer a través de mil errores.

¿Provocamos nuestra propia fricción?

A veces, cuando sufrimos innecesariamente. Además, hay una obra irrevocable escrita para cada uno de nosotros; y cada uno debe pagar por el don del despertar. El pago más difícil es la transformación del sufrimiento.

No es posible transformar el sufrimiento imaginario en recuerdo de sí; sólo el sufrimiento real se puede transformar en estados superiores.

Después de pasar por una gran prueba, nos damos cuenta, con una comprensión más profunda de que no hemos perdido más que ilusiones. Nadie puede ser real sin el recuerdo de sí y el sufrimiento real consume la imaginación.

Perdimos a un estudiante en un accidente aéreo en la ciudad de México. El domingo pasado estaba sentado a esta mesa y el lunes terminó su papel en la obra. Lo último que dije el domingo por la tarde fue que los estudiantes jóvenes, al igual que los de mayor edad, dejarían todo lo que tienen por el recuerdo de sí. A veces, la Influencia C nos lo pide.

La tristeza tiene su lugar, pero hay que cortarla apenas despunta y volver al recuerdo de sí. Shakespeare dijo: «... y al sordo cielo con mis quejas canso». La máquina siente compasión de sí cuando recibe fricción. Aunque este rasgo se justifica en cierto nivel, debemos abstenernos de expresarlo, porque nuestra meta es despertar. Identificarse es mecánico, separarse es divino. Evitar la autocompasión es una excelente forma de recordarnos a nosotros mismos.

Una de las obras de William Blake representa a un ángel guerrero caminando con determinación, armado con una espada. La primera vez que vi este dibujo pensé que era extraño ver a un ángel participando en la guerra. Ahora comprendo que el enemigo de las fuerzas superiores es el sueño y que ellos deben usar medidas muy fuertes para despertarnos. Recibimos una fricción considerable, no porque cometamos errores, sino porque estamos dormidos. Cuando uno estudia las vidas de los grandes hombres, puede ver que están colmadas de sufrimiento. Maurice Nicoll dijo: «Nada hace al hombre más semejante a Dios que el sufrimiento».

El sí mismo, recordado a través del sufrimiento, es el gran propósito de nuestra vida. No perderás nada real si sacrificas todo al momento.

La única forma de transformar el sufrimiento es aceptarlo. Cuando se acepta, se escapa de él. Evitar el sufrimiento es en sí sufrimiento: éste es un gran secreto.

Sabemos que no tenemos otra defensa más que el recuerdo de sí, cuando las fuerzas superiores nos dan fricción. Sabemos que hay que callar y aceptar lo que nos dan. La verdad es muy simple.

¿Cómo podemos recordar lo que hemos ganado?

Una de las cosas que la Influencia C acepta de nosotros es que tienen que hacernos recordar que olvidamos. Es importante tratar de recordar lo que hemos verificado y, cuando nos duele lo suficiente, recordamos.

Cada uno de nosotros conoce el sufrimiento que experimenta en carne propia. Esta escuela es real y los choques han sido reales. Como no estamos buscando algo pequeño, no podemos esperar que el pago sea pequeño. Hay momentos en nuestra vida que el tiempo no puede destruir, y la transformación del sufrimiento forma gran parte de estos momentos.

La actitud hacia los acontecimientos, no los acontecimientos en sí mismos, determina que uno sufra o no sufra. Es mejor ocultar el propio sufrimiento, cuando sea posible. Ante el sufrimiento, ninguna palabra es tan conmovedora como el silencio. Aun en medio de una enfermedad incurable, uno siempre tiene la opción de estar presente y alimentar su cuerpo astral. Cuando la muerte se acerca inevitablemente, el recuerdo de sí se revela como el todo. Entonces, uno trabaja con mayor empeño por crear una tendencia personal hacia la evolución. Nuestro tiempo está contado y tiempo es casi lo único que tenemos.

Siempre debe haber una fricción tan intensa que pueda despertar la consciencia. La mayor parte del despertar consiste en soportar la fricción sin identificarse. No es tan fácil pasar por las puertas de San Pedro.

Cuando experimentamos largos períodos de sufrimiento, lo único que podemos hacer es soportarlos y transformarlos. El sufrimiento intenso nos fuerza a cuestionarnos el significado de la existencia. Mientras más sufrimos, más lo cuestionamos. Recuerda, hay respuestas.

Todos los tipos reciben fricción, no importa cuál sea su centro de gravedad. Uno debe pagar, con la transformación del sufrimiento, por el papel que se le ha dado. El hombre necesita un sufrimiento formidable para llegar a ser realmente hombre. La mujer debe ser «como el hombre» y experimentar una inmensa fricción para despertar. En cierto modo, debemos acostumbrarnos al sufrimiento. La fricción acaba; sin embargo, con frecuencia, una forma más intensa la reemplaza. Si persistimos en transformar el sufrimiento, seremos menos vulnerables a él. No obstante, debemos experimentar dolor y elevarnos por encima de él.

Tenemos una vida real, y para comprenderla debemos transformar el sufrimiento. Sólo comprendemos verdaderamente lo que hemos sufrido. Date este consejo: «El sufrimiento no fue creado para que me identifique con él, sino para que lo transforme». Buscar alivio al sufrimiento a través de los demás en lugar de uno mismo, posterga el dominio de sí.

Procura aliviar el sufrimiento, no de causarlo. Cuando parezca que otros están perdiendo su trabajo, aférrate al tuyo y el recuerdo de sí ocupará el lugar que le corresponde.

Aunque vivimos bellos períodos, el despertar no es un proceso agradable. Debes pagar el precio terrible y algunas percepciones son devastadoras para tu naturaleza cordial.

Es necesario aceptar el sufrimiento como principio dador de vida y no como obstáculo. Hay ejemplos notorios en todas las esferas de la vida humana (desde esclavos hasta emperadores) que nos guían a una experiencia profunda. Lo que tienen en común es la transformación del sufrimiento.

Uno puede inclinarse o doblarse con la presión. Hay que dejar de esperar que pase y aceptarla, porque la única forma de transformar el sufrimiento es abrazarlo.

En el *Eclesiastés* está escrito: «Porque en la gran sabiduría hay mucho dolor y quien añade ciencia, añade dolor». El conocimiento y el ser no pueden desligarse. El conocimiento que consumimos es el sustento inmortal creado para dar vida a los centros superiores. Si queremos ser las palabras debemos sufrir; sin embargo, no debemos sufrir innecesariamente. Debemos esforzarnos por transformar el sufrimiento.

Debemos aprender a usar el sufrimiento, porque los choques negativos pueden crear el tercer estado. Una parte en nosotros cree que el sufrimiento le ocurrirá a otro. Sin embargo, el despertar no es para otro, es para ti. Después de transformar el sufrimiento, hay que evitar la tendencia a aflojar el paso y caer en el sueño.

Transformar el sufrimiento y no identificarnos con él abre todas nuestras posibilidades. Aun así, sabemos que el sufrimiento es una experiencia dulce y amarga, y que resulta difícil esperarlo con placer. La falsa personalidad debe morir en nosotros, para que los centros superiores nazcan, y nosotros experimentamos esa muerte.

Los choques nos devuelven al presente y nos recuerdan asirnos fuertemente a nuestra identidad, en medio de la locura temporal de la vida. No esperemos despertar sin pagar el precio. No hay victoria sin batalla, ni corona de virtud sin causa. En todo caso, el sentido común nos mantiene unificados. Una razón por la cual se sufre es por pensar demasiado en sí mismo; así se crea el propio sufrimiento. Para despertar, hay que aprender muchos pequeños secretos; uno de ellos es que no es posible despertar cuando se es demasiado indulgente consigo mismo. Cuando aprendes a ser menos indulgente contigo mismo y a mirar a tu alrededor, los centros superiores empiezan a emerger. Con esto las fuerzas superiores se aseguran de crear una identidad piadosa; una identidad dispuesta a servir al Rayo de la Creación, en lugar de abusar egoístamente de él.

Muchas áreas de trabajo pueden parecer insignificantes a una mente no educada y, sin embargo, como pueden transformarse en algo imperecedero, son una bendición. Debemos recordar que la fricción no es lo que parece. Desde cierto ángulo puede ser insidiosa, pero desde un punto de vista más elevado, el sufrimiento es un principio dador de vida.

El significado esotérico del vino es la comprensión. El vino, al igual que la comprensión, tiene propiedades mágicas; además posee el color de la sangre. Cuando Jesús convirtió el agua en vino, transformó la verdad en comprensión, lo cual es un proceso basado en el sufrimiento. Nuestro sufrimiento nos proporciona una enseñanza real. Cuanto mayor es la enseñanza, mayor es el sufrimiento y mayores los resultados. Casi ninguno de los discípulos de Cristo tuvo una muerte natural. Debemos hablar de estas cosas con el fin de prepararnos para lo que ha de venir. Cuando uno soporta el sufrimiento, carga con su propia cruz. Cada uno de nosotros fue elegido para desempeñar este papel.

Uno debe sufrir las mismas pruebas para lograr los mismos resultados espirituales en cualquier época. Walt Whitman dijo: «Y cómo el mismo precio inexorable tiene aún que pagarse por la misma gran compra». Se refiere al sufrimiento. Cada uno debe tener la suerte y la desgracia de verificarlo.

Ningún hombre puede conocerse a sí mismo si no tiene un corazón que ha soportado la desesperación. Hay que esforzarse por lo que parece inaccesible, pues allí reside la realidad y sólo la desesperación puede escalar los más altos muros.

Periódicamente todos recibimos choques que nos dejan trastornados, que nos devuelven a la realidad. Trata de no identificarte con los acontecimientos que no puedes cambiar. Sin duda, recibir choques es una extraña manera de escapar, pero tenemos la suerte de que por lo menos exista una manera. Con el tiempo se aceptan los choques no como interrupciones en la vida, sino con agradecimiento, como interrupciones del sueño, y se los aprecia porque dan vida a los centros superiores.

Dejemos que el sufrimiento nos toque, pero no que nos consuma. Recuerda, cuando te sientas desamparado, tienes ayuda: la Influencia C. No desesperes; persevera y penetrarás la eternidad.

Leonardo da Vinci dijo: «Mientras pensaba estar aprendiendo a vivir, estaba aprendiendo a morir». El recuerdo de sí nos enseña a vivir y *nunca* morir. Recuerda la magnitud de lo que buscas (un cuerpo astral inmortal) y la trivialidad de las múltiples distracciones que te rodean. ¡No te desanimes!

LA TRANSFORMACIÓN
Y LAS EMOCIONES NEGATIVAS

Una de nuestras debilidades predominantes cuando sufrimos es el resentimiento. Cuando recibimos fricción de las fuerzas superiores, nuestro fin es transformarla en lugar de identificarnos con ella.

Rainer Rilke decía que el hombre es un «derrochador de dolor», porque tiende a sentirse agraviado por el sufrimiento en lugar de transformarlo. Sin embargo, cuanto más transformamos el sufrimiento más aflora nuestra alma. Es necesario recordar que las escuelas existen para despertar la consciencia en sus participantes. La mejor forma de servir a las fuerzas superiores es recordándonos a nosotros mismos, porque sin el sí mismo no hay nada que pueda servir. También es necesario recordar por qué se nos da sufrimiento y tratar de no ponernos negativos. Las palabras de Rilke significan que, en lugar de transformar el sufrimiento, caemos en la autocompasión y nos identificamos con él.

Una de las funciones de las emociones negativas es distraernos del recuerdo de nosotros mismos. La negatividad es un sustituto insignificante de la presencia moderada del recuerdo de sí. El presente se escapa de muchas formas distintas y algunas de estas formas pueden parecer muy justificables. Aun así, si la negatividad no es transformada, continúa quedando atrás la oportunidad de atrapar el presente.

¿Cómo podemos evitar que la autocompasión haga mal uso del trabajo de las fuerzas superiores?

Tenemos que recordar que los hechos mienten, porque a pesar de que los métodos utilizados por la Influencia C parecen incivilizados, debemos llegar a la comprensión más elevada de que la transformación de las emociones negativas crea vida. Si asimilamos la fricción en forma correcta, no hay tiempo para complacerse en la autocompasión. Por otro lado, la autocompasión no evita que la Influencia C nos dé fricción, porque ellos son implacables en su meta de despertarnos. La autocompasión no sólo te empequeñece a ti, sino también a los demás, porque no desea hallarse rodeada de éxito cuando está fracasando.

¿Cómo podemos trabajar para transformar la energía negativa en positiva?

Ouspensky decía que el primer choque consciente, el recuerdo de sí, no sucede mecánicamente, sino como resultado de nuestros esfuerzos. El segundo choque consciente se produce cuando intentamos transformar las emociones negativas mediante la no identificación. Para transformar las emociones negativas, tenemos que evitar identificarnos con el tema de la negatividad. Es difícil transformar las emociones negativas, porque estamos sujetos al dominio femenino y olvidamos por qué se nos dan. Necesitamos encontrar una acción correcta más elevada, que sería no identificarnos con las emociones negativas y separarnos de ellas.

A menudo sentimos emociones negativas simplemente porque hemos acumulado energía en las partes negativas de los centros. Si logramos controlar el tema inicial de la negatividad, tenemos que estar alertas porque cambiará. Con el tiempo debemos controlar el origen de la negatividad, más que

116

el tema. Ouspensky dijo: «Tenemos un gusano en nosotros que desea expresarse».

Platón decía que hay que crear buenos hábitos. Las fuerzas superiores generan oportunidades para que expresemos emociones negativas y nosotros debemos crear el hábito de no expresarlas; entonces se convertirán en verdadera personalidad, esencia y recuerdo de sí. Uno de los motivos por los que la máquina perpetúa las cuestiones negativas es porque le resulta más fácil que resistirlas. Si no interrumpimos una cadena de negatividad, puede continuar durante mucho tiempo.

Cuando la vida expresa negatividad, no hemos de permitir que nos afecte, sino que debemos transformarla. No tenemos que transmitir la negatividad de la vida a los estudiantes.

Pocos hombres entre los que llegan a ser conscientes conocen su alquimia, centro de gravedad, rasgo principal o tipo de cuerpo. Este conocimiento es útil; sin embargo, nuestra evolución depende de la transformación de las emociones negativas.

Nada es más noble, nada es más importante que la transformación de las emociones negativas. Si te sientes atrapado en la desesperación, recuerda que no es un estado permanente y que tienes la ayuda de la escuela y de las fuerzas superiores. Nuestro deseo de despertar aumenta con cada vida, lo mismo que la intensidad de la fricción y la capacidad de transformarla. Pocos hombres tienen la fortaleza para soportar el despertar; ustedes son esos pocos escogidos.

Siempre hay algo que intenta distraernos del presente; con frecuencia, ésa es la función de las emociones negativas. Son un pobre sustituto del recuerdo de sí. Podemos desarrollar un alma si nos adiestramos en no expresar negatividad. Ouspensky dijo: «No te pongas negativo, pase lo que pase», porque estamos transformando el choque del si-do. La razón por la cual el recuerdo de sí es tan difícil es que, simultáneamente, estamos creando un alma y despertando el sí mismo. Son los dolores del crecimiento, por así decirlo. Conforme transformamos el sufrimiento, nuestra meta de despertar se fortalece. Qué mecánicas son las emociones negativas y qué pocos saben valorar la transformación del sufrimiento.

Tan sólo el recuerdo de sí puede controlar las emociones negativas. En realidad, es cuestión de desearlo. Ouspensky tenía razón al decir que, detrás de cada emoción negativa, se halla nuestro permiso.

Podemos estar recordándonos a nosotros mismos y, aun así, una parte de la máquina puede estar negativa. Cuando te sientas asediado por las emociones negativas, recuerda que el único recurso provechoso es recordarte a ti mismo.

Los estados negativos no son permanentes; este «yo» es el principio del fin para una emoción negativa. Las emociones negativas carecen de unidad y se apaciguan. Son de naturaleza fragmentaria y quebradiza. Nos hallamos aquí porque somos imperfectos; si fuéramos perfectos, si estuviéramos unificados, no estaríamos aquí. Recuerda ser lo suficientemente ingenioso como para transformar las emociones negativas.

La gente mecánicamente positiva es tan mecánica como la gente mecánicamente negativa. Ouspensky dijo: «La falsa personalidad de algunas personas funciona alegremente y de ese modo se engañan». No podemos controlar las emociones negativas si no podemos controlar las emociones positivas, y ni unas ni otras son el sí mismo. El recuerdo de sí es metafísico y está por encima del plano transitorio de la dualidad.

¿Cómo podemos trabajar cuando perdemos la calma?
Experimentar ira es realmente una contrariedad. Ya es bas-

tante malo tener estos «yoes» en nuestro interior, pero es realmente penoso expresarlos externamente. Ouspensky dijo: «Puedes pensar lo que quieras, pero no puedes decir lo que quieras». Cada vez que expresamos una emoción negativa hacia un estudiante, la escuela sufre. Tratamos de no herir a los demás, pues en una escuela la expresión de emociones negativas es criminal. Nos damos vida unos a otros, para asegurarnos la vida unos a otros.

Has de trascender el espectro del centro emocional para crear un alma; tienes que hacer más de lo humanamente posible. El sufrimiento nos trae a la escuela, pero la transformación del sufrimiento nos permite entrar en el camino. La aceptación del sufrimiento lo transforma.

Soportar el sufrimiento es una de las dimensiones de su transformación. Homero, quien después de su ceguera recibió sufrimiento adicional, escribió:(«Sopórtalo, corazón mío, que peores cosas has soportado») Cuando recibas un pequeño sufrimiento, recuerda lo peor que te haya sucedido.

En realidad, la palabra consciencia es demasiado generosa para definir el primero y el segundo estados de la condición humana. La consciencia tiene grados y las emociones negativas muy amargas pueden evocar el control de las partes intelectuales de los centros, más que las emociones negativas ligeras. Recuerda que la transformación de las emociones negativas es el método principal para despertar, aunque afortunadamente no es el único.

Llegamos a un punto en nuestra evolución en que agradecemos los «yoes» terribles que recibimos. Los vemos como una oportunidad de transformación y agradecemos que nuestro sueño haya sido interrumpido. Si abrigamos las emociones negativas, nos veremos privados de toda alegría que pudiéramos esperar recibir.

¿Hasta qué punto debe ser el maestro un modelo para sus estudiantes y hasta qué punto tienen que modelarse a su imagen?

No somos todos iguales, y cada alma es el resultado de sus propias experiencias. Con el tiempo nos deshacemos de la imitación y, por falta de una mejor forma de expresión, llegamos a nuestro propio estilo.

Como nuestra meta es la inmortalidad, podemos preguntarnos por qué no recibimos más sufrimiento. Todos los hombres número cuatro, cinco, seis y siete necesitan fricción para mantener práctico su trabajo y cambiar su nivel de ser. Naturalmente, la máquina se resiente por la fricción, en lugar de procurar transformarla; pero intentar huir del sufrimiento en sí produce sufrimiento. Un anciano sufí aconseja: «Encontramos nuestro destino en el sendero que tomamos para evitarlo». Muchas áreas de trabajo pueden parecer insignificantes; sin embargo, ya que se pueden transformar, son una bendición. No podemos ganarnos la vida transformando sufrimiento imaginario porque, básicamente, sólo el sufrimiento real produce resultados reales.

Puesto que el nivel de ser de los hombres número cuatro no es uniforme, algunos tienen una mayor capacidad para evitar la identificación y transformar las emociones negativas que otros. Digo esto porque cada uno tiene que hacer responsable a su propio ser si expresa negatividad, incluso si no es expresada con palabras. No podemos permitirnos seguir el ritmo de los demás, porque la valoración por el trabajo puede variar considerablemente.

La falsa personalidad a menudo considera la fricción como una interrupción a su inercia. Por eso mismo, es imperativo no expresar emociones negativas, sino transformarlas y, de ese modo, producir los centros superiores. En realidad, no hay justificación para las emociones negativas. Cuando la falsa personalidad nos impide transformar nuestro sufrimiento en ser, damos algo a cambio de nada.

¿Cómo podemos desarrollar la capacidad de separarnos de las emociones negativas?

La transformación de las emociones negativas debe convertirse en un hábito; cuanto más lo haces, más puedes hacerlo. Es un negocio y forma parte importante de un buen amo de casa.

Una de las mejores formas en que un hombre número cuatro se recuerda a sí mismo es separándose inmediatamente de la frustración que le causa el no haberse recordado a sí mismo. Debemos desarrollar el hábito de transformarla inmediatamente en recuerdo de sí.

Los «yoes» negativos nos asedian; ésta es su función; no se supone que tengamos que librarnos de ellos. Si estamos despiertos no los necesitamos, pero cuando dormimos requerimos toda la ayuda posible. Es una ley: debemos transformar la negatividad para despertar. Johann Goethe decía que debemos esperar lo peor hasta el final; esto significa que tenemos que esperar recibir ayuda, o fricción, hasta que termine nuestro papel.

Casi siempre las emociones negativas se centran en algo pequeño que podemos agrandar desproporcionalmente. Pascal dijo: «Una tontería nos consuela, porque una tontería nos aflige». Cuando algo pequeño nos consuela, nos revela la pequeñez de nuestras emociones negativas.

Para evolucionar debemos transformar los pequeños sucesos negativos cotidianos; podemos vencer un gran sufrimiento sólo transformando los sufrimientos pequeños. Qué maravilloso cuando podemos ver la fricción como una oportunidad. Extraño salvavidas nos han lanzado las fuerzas superiores: la transformación de las emociones negativas.

He tratado de hacer del despertar una experiencia lo más noble y positiva posible, pero hace mucho tiempo dije que los ángeles llevan en una mano una varita mágica y en la otra un garrote. Debemos transformar insidiosa fricción; esta transformación es exactamente lo que Cristo personificó.

Las tragedias nos llegan inevitablemente, con o sin la escuela, pero con la escuela podemos utilizarlas en lugar de ser utilizados por ellas. Nuestro corazón es increíblemente resistente y puede recuperarse de choques devastadores. El pasaje bíblico de David en la cueva de los leones representa el Mundo 6 luchando con el centro emocional, luchando por transformar las emociones negativas.

John Milton creó su cuerpo astral antes de quedarse ciego; luego utilizó su ceguera para profundizar su nivel de ser. Milton dijo acerca de su prueba: «No me opongo a la mano divina» Este es uno de los mejores ejemplos de transformación del sufrimiento.

Dante Alighieri dijo: «Preparaos para subir a las estrellas». Separarse del sufrimiento y transformarlo mediante el recuerdo de sí es, de hecho, el pasadizo del alma inmortal hacia las estrellas.

No hay nada más noble ni de mayor importancia que la transformación moderada de las emociones negativas o del sufrimiento. ¡Es tan grande y silenciosa la lucha en la que tomamos parte! Por suerte, las fuerzas superiores están a nuestro favor y no se dejan impresionar ni por la vida ni por las emociones negativas. Básicamente, nuestra vida gira alrededor de la no expresión de emociones negativas, porque esto fomenta directamente el recuerdo de sí.

No hay señal más segura del sueño que una emoción negativa.

Cuando la máquina quiera ponerse negativa, dite a ti mismo: «Mantén un nivel alto». Luego tienes que apoyar ese «yo» y ser las palabras. Los «yoes» de trabajo sólo pueden aconsejarnos; nosotros tenemos que apoyarlos. Es al sí mismo al que debemos la transformación de las emociones negativas.

La presión imaginaria es la causa de muchas emociones negativas, la mayoría de las cuales se originan en el centro instintivo. Acordarse de satisfacer las necesidades del centro instintivo (con moderación) puede mitigar muchas expresiones de negatividad. Jesús dijo: «Dad al César lo que es del César».

Es difícil recordar el ángulo de pensamiento que hay que usar para cada tipo de fricción, porque estamos luchando por reducir la diferencia entre nuestro conocimiento y nuestro ser. Con el paso del tiempo, la experiencia nos permite trabajar con mayor eficiencia. Es un milagro convertir el agua en vino, es decir, el conocimiento en comprensión personal. La clave principal de nuestro trabajo es la transformación de las emociones negativas.

No hay nada más difícil para un hombre número cuatro que la transformación de emociones negativas en emociones positivas. La expresión de negatividad es mecánica y está profundamente programada en nuestras máquinas. Por lo tanto, tenemos que dejar lugar a los errores, pues ciertas manifestaciones negativas son tan poderosas que, al principio, sólo podemos intentar separarnos de ellas.

¿Existe una forma práctica de separarse de las emociones negativas?

Considerar externamente a otro puede detener la negatividad, lo mismo que utilizar el centro motor o leer.

¿Cómo se muestra la otra mejilla?

Aceptando lo que haya en el momento presente. Buda comía lo que caía en su plato. Si cae sufrimiento en nuestro plato, debemos transformarlo. Gran parte de nuestra capacidad de transformar las emociones negativas depende del acumulador principal. Si está gastado, nuestro pensamiento se deteriora y a veces nos vemos forzados a hacer esfuerzos con una máquina cansada.

Los hombres y las mujeres auténticas consumen las emociones negativas. El recuerdo de sí es lo único que no es «comido»; el recuerdo de sí debe comer las emociones negativas.

Podemos transformar la negatividad sólo cuando comprendemos que no ganamos nada con expresarla y que lo ganamos todo resistiéndola: todo.

Al final de nuestra vida, qué desperdicio nos parecerá la expresión de las emociones negativas y el haber utilizado el tiempo de tal manera. Cuando nos identificamos con el sufrimiento y fracasamos en transformarlo, hemos desperdiciado dolor. Es una emoción noble sentirse triste por un choque, pero existe una respuesta más alta, que es transformarlo. Allí es donde termina la máquina y empezamos nosotros.

Todos nosotros necesitamos transformar el sufrimiento por el resto de nuestras vidas. Es difícil cuando tantos amigos se van. Comprendemos más y más y nos involucramos cada vez más. Algunos choques nos muestran el potencial que tenemos y que no estamos usando. La única forma de hacer más es estando presentes. El presente tiene sus propios términos y siempre podemos servir a los vivos. No hay que quedarse anclado en las pérdidas. No hay ex estudiantes que me disgusten, pues no se podría estar en ese plano y estar presente a la vez. El recuerdo de sí y el odio no pueden ocupar el mismo espacio.

La transformación del sufrimiento es uno de los pilares del despertar. La dominancia femenina, la identificación y la consideración interna se interponen entre tú y tu alma. El remordimiento puede ser una emoción noble; sin embargo, no tan noble como transformarlo. Es obvio que para transformar el sufrimiento, tenemos que estar por encima de la dominancia femenina.

Si logramos evitar que la máquina topee la transformación de emociones negativas en un área, inmediatamente escogerá una forma nueva de obstruir la transformación.

Aquí sufrimos todos, con o sin el sistema, pero nosotros ganamos algo. No somos mejores que la gente de la vida; sólo tenemos más suerte. Si nos sentimos culpables por nuestra suerte, estamos bajo la dominancia femenina. Ouspensky decía que la suerte es la variable más importante y nosotros tenemos la suerte de haber sido escogidos por la Influencia C para evolucionar. Horacio dijo: «Las alegrías que he vivido, a pesar del destino, son mías». Pero en realidad, es gracias al destino. Evolucionamos no a pesar de la fuerza contraria sino gracias a ella. Esta comprensión abarca toda la idea de la transformación del sufrimiento.

A Sócrates le ofrecieron un plan para escapar de su sentencia de muerte; lo rechazó diciendo que prefería ser inocente ante los dioses y víctima de los hombres, en lugar de oponerse a los dictados de las fuerzas superiores. Concluyó diciendo: «Sea entonces y obremos de ese modo, puesto que los dioses nos guían por ese camino».

Las escuelas existen para la evolución acelerada y no para el despertar relativo. Cambiamos considerablemente en tres o seis meses, principalmente gracias a no expresar negatividad.

Es difícil ofrecer algo a la Influencia C, porque son seres metafísicos. Uno de los regalos más elevados que podemos ofrecerles es tratar de aceptar el sufrimiento, tratar de transformarlo.

En nuestra vida recibimos grandes choques, pero no son frecuentes. Sin embargo, debemos estar alertas a los choques pequeños, para poder transformarlos. William Shakespeare dijo: «Algunos deben velar, mientras otros duermen». Nosotros somos quienes debemos velar para no dormir. ¿Por qué velamos? Para descubrir las pequeñas emociones negativas que ocupan el lugar del recuerdo de sí. Tu cometido es transformar el sufrimiento, grande o pequeño, para crear tu alma.

La máquina tiene muchos estados subjetivos, pero se trata sólo de ilusiones que nos roban el tiempo. Eso es lo peor. Una emoción negativa no es tan inocente como parece, porque la pagamos con nuestro tiempo.

Debemos comprender a fondo qué escala da la máquina a las emociones negativas insignificantes. La negatividad no vale nada. La no expresión de emociones negativas nos da energía. Cada uno debe distinguir por sí solo una emoción negativa. El único antídoto contra las emociones negativas es el recuerdo de sí.

Cuanto más transformamos el sufrimiento, más nos acercamos al final; Cristo lo demostró. Nadie ha sufrido tanto en tan poco tiempo. La última semana de su vida fue la que lo hizo especialmente grande; su silencio durante la prueba. Sus últimas palabras: «Padre, perdónalos porque no saben lo que hacen», ejemplifica la transformación del sufrimiento.

Estamos aquí para trascender nuestras heridas y la muerte demuestra que la transformación del sufrimiento es preciosa. Una de las razones por las cuales es difícil despertar es que nos hallamos rodeados por seis mil millones de personas que están dormidas. Es difícil no imitar su ser insustancial y sus búsquedas vacías. Está presente. Marco Aurelio dijo: «¿Qué importa que el mundo entero grite en tu contra, si tú tienes razón?»

El despertar ha de ser difícil; de otra forma, no nos interesaría. Superficialmente, parecería que la fricción hace del despertar un galimatías. Pero si asimilamos correctamente un choque transformándolo, llena nuestra alma de armonía. Naturalmente, nos fortalecemos transformando la fricción.

Cómo nos suaviza la Influencia C.

En verdad, no podemos dar casi nada a la Influencia C; una ofrenda de flores sería mejor que el oro. Ellos lo tienen todo y lo son todo. La forma de pagarles es no identificándonos con el sufrimiento y transformándolo. Así no pierdes ni tu tiempo ni el suyo.

Renunciar a las emociones negativas es una cuestión de vida o muerte. No sólo la cantidad, sino también la calidad de la transformación del sufrimiento es importante. El sufrimiento en sí es un desperdicio, pero transformarlo es precioso. En realidad, no podemos comprar nada duradero más que el recuerdo de sí, y lo compramos al precio de transformar el sufrimiento.

La transformación del sufrimiento lo hace todo posible; podemos transformar el sufrimiento y divinizar nuestra vida. El corazón humano es tan grande que casi no existe límite para lo que puede transformar.

ESCALA Y RELATIVIDAD

Todo carece de sentido, con excepción del recuerdo de sí. A medida que se estudia el sistema, la escala de esta sola idea se vuelve preeminente. Ninguna idea puede llegar siquiera a aproximarse a la masa del recuerdo de sí y nada se le puede comparar.

Hemos logrado un descubrimiento con el recuerdo de sí: es la idea que hemos estado buscando durante toda la vida. Independientemente de la forma que adoptemos para desarrollar la esencia, hay que acompañar los esfuerzos con la idea colosal de recordarse a sí mismo.

La idea de recordarse a sí mismo es más atractiva para quienes se han desilusionado de todo lo demás. Cuando encontramos una escuela, se nos revela el significado oculto de la vida sobre la Tierra.

Una de las principales fuerzas que impiden el recuerdo de sí es la falta de valoración por este estado, y la valoración insuficiente es el resultado de no haber establecido la escala correcta. Difícilmente se le ocurre a la máquina intentar recordarse a sí misma; por lo tanto, hay que buscar el modo de introducir el recuerdo de sí en cada momento del día. Reforzar la propia valoración del recuerdo de sí puede ser un proceso lento. A medida que aumenta la habilidad para recordarse a sí mismo crece también la valoración. Los hombres número cuatro no son capaces de recordarse a sí mismos en la medida en que lo desean y, sin embargo, cuanto más se da cuenta uno de que su tiempo es limitado, más energía le dedica al recuerdo de sí. De esta forma, la verificación, al igual que los demás conceptos del sistema, gira en torno del recuerdo de sí.

Puede que sólo seamos capaces de extraer unos momentos de recuerdo de sí en un día. Sin embargo, estos fragmentos de realidad son nuestras verdaderas experiencias. Marco Aurelio Antonino, un emperador romano estoico y un ser consciente, escribió en sus *Meditaciones*: «El presente es lo único de lo que puede privarse a un hombre». No sólo debe encontrarse la idea del recuerdo de sí, sino que también debe aprenderse a valorarla. Cuando uno no puede valorar el estar presente, se engaña, puesto que el recuerdo de sí es una idea incomparable.

Cuando dos personas discuten, normalmente consideran sólo dos opiniones. Puede que una sea más verdadera, es decir, tenga más escala, pero, en un estado de relatividad, ambas opiniones son verdaderas. Es comprensible que no podamos entender la escala y la relatividad. Es también imperativo que aprendamos a comprenderlas. Recuérdate a ti mismo, independientemente de la escala de tus actividades.

Hay cinco o seis mil millones de personas sobre la Tierra que no han descubierto el recuerdo de sí y, lo que es peor para ellas, no quieren saber nada de él. El recuerdo de sí revela el error de la naturaleza. Es un desperfecto intencional: la forma de escapar de la esclavitud humana.

Esencialmente, hay un solo tema: el recuerdo de sí. Shakespeare escribió: «Ser o no ser, ésa es la cuestión». Cada día es importante sólo en relación con la cantidad de recuerdo de sí que pueda extraerse.

130

Uno de los aspectos hermosos del recuerdo de sí reside en que es una recompensa en sí mismo. Somos la gente con más suerte en el mundo y, si tú no lo sabes, deberías saberlo.

¿Cómo puede uno aprender a valorarse a sí mismo sin pensar demasiado en sí mismo?

Irónicamente, desarrollas el sí mismo no pensando en ti, prestando atención a las extraordinarias impresiones que están a tu alrededor y considerando lo exterior. La relatividad es la clave de la comprensión. Aunque nuestra existencia se corresponde con el nivel de una célula en el vasto universo, debemos trabajar con lo que se nos ha dado.

Parece que cuanto más se sabe, más se ignora.

Nuestro trabajo no es necesariamente saber, sino *ser*. Es preferible ser fuerza pasiva al recordarse a sí mismo, que ser una fuerza activa en el sueño. Comprender qué poco se sabe verdaderamente es una posición honesta y una base sólida sobre la cual construir.

Es difícil comprender el concepto de escala.

Es arduo, pero muy simple. La consciencia tiene grados y tú debes encontrar las formas de incrementar tu consciencia. Uno debe *ser* para sí mismo. A diferencia de la mayoría de los conceptos, los de escala y relatividad no son formatorios, lo cual explica por qué es tan difícil comprenderlos. Aumenta tu consciencia y la escala y la relatividad aumentarán proporcionalmente. El apóstol San Pablo, hablando de su increíble vida, dijo: «Lo que he sufrido no es nada comparado con lo que he ganado». Uno debe entregar su vida a las ideas y la cuestión es si son las ideas correctas.

Nosotros somos personas que hemos entrado en el camino, lo cual es un logro increíble. Temas tales como la alquimia o la esencia no tienen mucha importancia comparados con entrar en el camino. La única manera en que se puede tener todo es estando satisfecho con el recuerdo de sí. A menudo, se requiere el choque de la muerte para darse cuenta de ello.

La gente, o bien se olvida, o bien no entiende que las palabras son sólo símbolos que señalan una silenciosa realidad. Los símbolos dejan de ser importantes cuando se descubre el recuerdo de sí, el cual ocurre más allá de las ideas. No es necesario que se hagan realidad para que nos recordemos a nosotros mismos. Es necesario hablar de teorías para estar preparados. Los segundos de recuerdo de sí que cosechamos no son en vano.

Todo es relativo y subjetivo, excepto el sí mismo que hay en nosotros. Cuando se está presente, se es objetivo. Trata de negarte a caer en o a ser distraído por otra cosa que no sea el recuerdo de sí. El conocimiento esotérico, en contraste con el conocimiento común, nos hace sentirnos incómodos, porque revela nuestra escala minúscula. A la máquina no le gusta que su idea de escala se vea interrumpida, pero cuando uno no está recordándose, no importa quién o qué es o dónde está.

¿Cómo puede desarrollarse un estado de relatividad para poder percibir más en cada momento?

Penetras el presente no pensando en ti mismo, evitando la autoindulgencia excesiva. Debes encontrar otras cosas de interés, además de ti mismo y de afanes a menudo vacíos. Milton escribió: «Nos esforzamos por mantener un ser frágil y febril»

Muchas emociones negativas son el resultado de nuestra incapacidad para establecer escala. Nos identificamos con sucesos triviales y perpetuamos ilusiones de realidad. ¿Por qué somos reacios a utilizar una escala? Porque la mayor parte de nuestra naturaleza es ilusoria y no desea recordarlo. ¡Qué agonía padecemos cuando nos encontramos desarmados por el sufrimiento imaginario!

Es doloroso observar a los hombres, porque son capaces de realizar logros y, sin embargo, no alcanzan gran cosa. William Blake dijo: «Aquél que no sigue derecho hacia adelante está perdido». Si uno no puede seguir avanzando hacia su meta de despertar, está perdido. Para poder discriminar hay que poner escala, y para lograrlo es necesario transformar el sufrimiento.

El mayor secreto en la Tierra, el recuerdo de sí y la atención dividida, es tan obvio que es difícil verlo como un secreto. Si conoces el secreto, «no arrojes perlas a los cerdos».

Lo que puede ganarse es tan grande que, incansablemente, regreso a las mismas palabras: recuerdo de sí. Es un reto enorme hablar creativamente de las mismas palabras toda la vida, pero comprendo mejor que tú que tu vida está en juego, y te amo, de modo que debemos continuar y no renunciar jamás. No hay nada a lo cual regresar y todo nos espera por delante.

Todo lo que puede cosecharse verdaderamente en esta vida es el recuerdo de sí.

Ouspensky decía que lo que tiene el sistema, que la vida no tiene, es escala y relatividad. Hay que darle al recuerdo de sí la escala correcta y valorarlo por encima de todo lo demás. Es posible que nunca sobresalgamos en otra cosa, aparte del recuerdo de sí. Sería una cristalización incorrecta considerar algo más importante que el recuerdo de sí.

Una pregunta útil que puede hacerse es: «¿Estás recordándote ahora?». Si uno se lamenta por haber perdido una relación familiar, está reaccionando como cualquier hombre mecánico lo haría. La escuela juega su papel en el siglo veinte. Somos un enigma para nuestras familias, porque no deseamos una existencia meramente biológica sino consciente.

A los doce años, Jesús dijo que tenía que atender los asuntos de su padre. Esto no se refiere a su edad sino al Mundo 12 dentro de él. Es decir, cuando funcionaba en él el Mundo 12, el centro emocional superior estaba haciendo un trabajo consciente en el Rayo de la Creación. Uno no es valioso, a menos que esté recordándose. Cuando estamos recordándonos, tenemos un valor excepcional para las fuerzas superiores.

No podemos dejar de lado el destino, en lo relativo al progreso de nuestra evolución. Las personas que entran en el camino tienen destino, lo que significa que no pueden hacer ni más ni menos en su vida que lo que dictan sus roles.

¿Cómo puedo valorar más el recuerdo de sí?

Darse cuenta de que nuestro tiempo es limitado y sentir repulsión por el sueño son dos catalizadores para incrementar la valoración del recuerdo de sí. Descubrir el recuerdo de sí es una experiencia mi-fa; valorarlo a cualquier precio es una experiencia si-do.

El tema de conversación no es tan importante como la necesidad de recordarse a sí mismo. Una vez, mientras hablábamos de cómo recordar un pensamiento en tanto se continúa escuchando, sugerí recordar dos o tres palabras y luego seguir escuchando. Si olvidas lo que querías decir, no te preocupes. Nadie ha pasado por esta vida sin haber hablado demasiado.

Es difícil apartarse de la naturaleza; sin embargo, el hombre tiene dentro de sí algo que puede sobrepasar las estrellas. Admiramos a los griegos porque sobrepasaron la naturaleza con un ideal clásico. Nuestra ciencia contemporánea estima que hay doscientos diez mil millones de galaxias en el universo. Aun así, pequeños e insignificantes como somos, contenemos lo suficiente para sobrepasar las estrellas. Omar Khayyam escribió: «Aquel cuenco invertido al que llamamos cielo, bajo el cual arrastrándonos confinados vivimos y morimos; no eleves hacia él tus manos por ayuda, porque gira tan impotentemente como tú o yo». Las estrellas son una creación mecánica en el orden del Mundo 12. Se nos da la esencia al nacer, es decir el Mundo 24. La verdadera personalidad, el Mundo 48, es producto del trabajo de escuela, y la falsa personalidad, el Mundo 96, es resultado de las influencias comunes de la vida.

Dios ha dispuesto que el microcosmos hombre pueda igualar o sobrepasar planetas, estrellas y galaxias en el corto tiempo que se le ha dado. La galaxia es una maquinaria divina, pero no es real. El microcosmos del hombre es más grande cuando el hombre se recuerda a sí mismo.

Uno puede perderse de innumerables maneras, pero la gente obtiene lo que quiere: es cuestión de desearlo. Los hombres número cuatro dicen: «¿Por qué no puedo?», punto en el cual termina la comprensión. Están satisfechos con su propio ritmo y con el de otros. Trata de no detenerte aquí.

Continúa sumergiéndote en lo desconocido, sabiendo que es el único camino a casa. Todo lo demás tiene que fracasar, porque sólo el recuerdo de sí es real y lo demás es mecánico. No debemos permitir que se convierta simplemente en palabras.

Usa los temas difíciles como una oportunidad para recordarte. Después de estar enseñando muchos años, me he cansado de las novedades del sistema, con excepción del recuerdo de sí. Es importante no perder la grandeza del recuerdo de sí en medio de tantas otras ideas. Sólo la presencia es nuestra: no hay ni un solo momento para dejarla de lado. No esperes hasta la muerte para verificarlo.

El recuerdo de sí es una idea de escuela: no es un concepto para las masas trágicas de las cuales provenimos.

¿Al final se recibe lo que se desea?

Se recibe más de lo que se desea, si se desea estar presente y crear un cuerpo astral inmortal.

En la Tierra se consume todo, excepto el recuerdo de sí. Parece imposible que vaya a ocurrir y, sin embargo, hay una fecha para cada una de nuestras muertes, tal como hubo una fecha para nuestro encuentro. Todo desaparece, excepto el recuerdo de sí. Nos vemos despojados sin piedad del cuerpo, de la Influencia A, de todo, menos de nuestros momentos de consciencia.

Una de las mayores fuerzas igualadoras en el Rayo de la Creación es el recuerdo de sí, porque no depende más que de sí. Es lo único real y lo único posible. El recuerdo de sí es, en todos sus aspectos, una gracia divina. Ouspensky dijo: «Ustedes no conocen la escala de lo que estamos persiguiendo».

La Influencia C, nuestra alma y la amistad son nuestros tres más importantes bienes. Tenemos la buena suerte de estar juntos toda nuestra vida. Cada día es una bendición y hay mucho trabajo que hacer, dondequiera que se esté, acompañado por el recuerdo de sí.

No es posible transmitir lo que se gana con el recuerdo de sí y lo que se pierde sin él. Siempre será nuestra alternativa más elevada, la cima de la escala.

EL TIEMPO

E l tiempo borra todos los fenómenos físicos. Aun así, el recuerdo de sí es tan poderoso que erosiona el tiempo, el cual deja de existir con el recuerdo de sí.

Ya sabemos que hemos creado momentos en nuestras vidas que están fuera del tiempo, porque si cada persona revisa su vida, encontrará momentos en su recuerdo que el tiempo no puede borrar. El recuerdo de sí es tan poderoso que puede conquistar el tiempo.

Uno se volverá viejo esperando, si espera a que lleguen las circunstancias ideales para trabajar.

Jesús dijo que cada cabello está contado y que nada se pierde. Cada segundo que uno se recuerda a sí mismo, cuenta como un cabello para su cuerpo astral. Los segundos o momentos que uno puede extraer cada día nunca se pierden. El tiempo no existe realmente para nuestro cuerpo astral, ya que es metafísico.

Cada día estamos un poco menos en deuda con el tiempo, mientras que otras personas están cada día más en deuda con él. El recuerdo de sí crea un estado sin tiempo, un cuerpo astral. Uno *se vuelve* la cuarta dimensión y está fuera del tiempo.

Cuanto menos tiempo se tiene, más fuertemente se siente la urgencia de recordarse a sí mismo, porque se comprende con mayor profundidad que queda poco tiempo para despertar.

Cuanto más se envejece, más se favorece el crecimiento lento, pues contiene dentro de sí el germen de la perfección. Todo lo que es grande se gana lentamente.

La mejor comprensión de la Influencia C llegará en el ocaso de tu vida y entonces tendrás una habilidad mayor para penetrar el Ahora eterno.

Desde el punto de vista esotérico, la cruz simboliza al hombre a través del tiempo. Se representa al hombre en sentido vertical, mientras que el tiempo está representado horizontalmente. El hombre escapa al tiempo mediante la transformación del sufrimiento, razón por la cual Jesucristo murió en la cruz. Nuestras máquinas temporales perecerán pronto. Nuestros momentos de recuerdo de sí, sin embargo, ya han demostrado estar fuera del tiempo. Pertenecen a la cuarta dimensión. Para comprender la cuarta dimensión hay que estar en la cuarta dimensión. Este es uno de los grandes secretos de la existencia. Lo comprenderás sin palabras porque te habrás convertido en las palabras.

Tenemos un número limitado de respiraciones en esta vida y debemos usarlas bien. Los estudiantes, generalmente, no llegan tarde a sus citas porque comprenden que para estar fuera del tiempo deben llegar a tiempo. Es así de simple.

No hay área alguna que esté exenta del recuerdo de sí, excepto la renovación de los acumuladores en el primer estado. Tenemos veinticuatro horas cada día, seis a ocho de las cuales las pasamos en el primer estado, renovando los acumuladores. Esto nos deja entre dieciséis y dieciocho horas para tratar de estar presentes, para experimentar momentos simples, cotidianos, mediante la atención dividida.

Siempre que transformamos la negatividad, sobrepasamos el

tiempo y entramos en el campo atemporal de los centros superiores, que son inmortales. Cuando uno está negativo, pierde el tiempo en aras de la falsa personalidad. Si no logramos transformar la fricción, tanto nuestro tiempo como el de la Influencia C se han consumido inútilmente.

Tengo la certeza de que el tiempo no existe para los centros superiores: la palabra «inmortalidad» significa exactamente eso. El universo está por debajo y por encima de nosotros, por detrás y por delante de nosotros. Es un vacío omnidireccional infinito. Estamos creando almas; esto no es una fantasía poética. La Influencia C nos ha elegido para evolucionar, no solamente para la perpetuación de la humanidad llevando una existencia biológica.

Cuando viajas durante diez días, pueden parecer meses, porque los centros superiores están funcionando y el tiempo parece alargarse. Vivimos tan poco tiempo y, sin embargo, en este breve período podemos crear un cuerpo astral inmortal. Es un misterio del Absoluto.

Qué breve es nuestro paso por la vida. Estamos en una carrera no con nuestros semejantes sino con el tiempo. Es aterrador ver cómo el hombre desperdicia su tiempo. Si tienes poco respeto por tu tiempo, tendrás poco respeto por el de los demás. Aprende a usar bien tu tiempo, porque la inclinación natural del hombre es a malgastarlo, principalmente a través de la conversación frívola. Las partes mecánicas de nuestros centros usan nuestro tiempo inútilmente.

A medida que nuestro tiempo decrece, se vuelve más imperativo *ser* las palabras. Siempre fue urgente; simplemente se pone más de manifiesto. La cantidad de tiempo transcurrido en la escuela no es garantía para entrar en el camino. Después de años, algunos caminan lentamente hacia un severo intervalo, mientras que otros pueden atravesar el mismo intervalo tras estar en la escuela tan sólo unos meses.

El tiempo y nuestro microcosmos, único en su género, nos presentan la oportunidad de usarlos bien. Trata de desarrollar actitudes mediante las cuales puedas poner todo tu ser en cada momento de despertar. Si no estás despierto, no tienes un segundo que perder, porque nuestros años, meses y días se reducen a poco y nuestro tiempo no es ilimitado.

¿Cómo puede producirse suficiente presión interna para mantener el trabajo al máximo nivel?

Utiliza más a menudo el sufrimiento voluntario moderado y pide ayuda a la Influencia C. Especialmente esto último requiere valor, porque nos darán fricción para que la transformemos en un cuerpo astral. Si los choques son crueles, recuerda que la Influencia C te ama.

Nadie muere jamás en un estado de perfecta salud. Yo tuve que ser temerario para transformar el tiempo; tuve que asumir riesgos. La longevidad no es la respuesta, aunque espero que todos tengan larga vida para contribuir con la escuela. Aun así, ésta no es la respuesta. Mientras la eternidad consume y recicla la vida con indiferencia, los momentos de recuerdo de sí son nuestros para siempre. Lo más importante no es cuánto tiempo nos queda, sino cómo usamos lo que nos queda. Al final, cuando se hayan recogido suficientes momentos de recuerdo de sí, el cuerpo astral se fusionará.

He hablado sobre una cosa, el recuerdo de sí, durante más de veinte años. William Shakespeare escribió: «...Pues lo mismo que el sol es todos los días nuevo y viejo, así es mi amor repitiendo siempre lo que ya estaba dicho». Es cuestión de vida o muerte para ti, de modo que hablo incansablemente de este viejo y querido tema.

Terminar el año parece como pasar la página y aunque haya sido un año largo, la brevedad de la vida resulta alarmante. ¿Debe el hombre esperar la proximidad de la muerte para comprender que todo lo que presencia miente y que ha sido engañado, más que nada, por sí mismo? Cuando un niño nace, su tiempo está casi extinguido. Incluso si se vive hasta los cien años, eso no es nada comparado con la inmensidad de la eternidad.

Es maravilloso que haya algo que pueda vencer el tiempo y la muerte. Todo desaparece al final, excepto el sí mismo. Incluso el cuerpo desaparece. Por ello nuestros momentos de recuerdo de sí son preciosos. El tiempo no existe, la muerte no existe cuanto tú existes.

Si se viven setenta y seis años, la vida tiene novecientos doce meses. Es instructivo ver nuestra vida en términos de meses en lugar de años, y vivir hasta los setenta y seis años es un logro. La vida entera aparece como un breve momento. El tiempo, que en otro entonces caminaba, de pronto vuela. Todos estamos en una carrera con el tiempo, nos demos cuenta o no. Estamos trabajando con leyes inflexibles que sólo ceden ante el recuerdo de sí y la transformación del sufrimiento.

LA MUERTE

P ocas personas hablan de la muerte o se preparan para
morir. Sólo el recuerdo de sí puede enfrentarse a la muerte,
porque usa la misma táctica que la muerte, pero antes del
fallecimiento del cuerpo. La muerte es un modo de ver nuestra
insignificancia, aunque hay otras maneras de comprenderla
antes de que la muerte ocurra. En el Cuarto Camino, lentamente nos vemos reducidos a una elevada comprensión.
Rainer Rilke escribió: «Extraño no seguir deseando los deseos.
Extraño ver todo aquello que nos concernía, como flotando
suelto en el espacio. Y penosa la tarea de estar muerto, penoso
ese recobrarse plenamente, hasta llegar a sentir poco a poco
una huella de eternidad».

El recuerdo de sí es el único defecto de la vida orgánica sobre
la Tierra. Es el único error de la naturaleza, porque a través
del recuerdo de sí, el hombre puede sobrepasar la naturaleza
escapando de la muerte, algo que la naturaleza no puede hacer.

Todos sabemos que esta noche puede ser la última. Todos los
días pienso en la muerte, no con morbosidad, sino que pienso
en su inevitabilidad y en prepararme para ella con el recuerdo
de sí. Hay que tener un roce con la muerte o llegar a morir,
para experimentar la vacuidad de la vida. Necesitamos esas
experiencias para darnos cuenta de que todo lo que tenemos

es el recuerdo de sí. Después de tener un accidente de auto, me di cuenta de que pude haber muerto sin advertirlo y comprendí que la mayoría de la gente muere así. Sin embargo, una vez que un estudiante entra en el camino de una enseñanza consciente, ni siquiera la muerte puede sacarlo del trabajo. Debemos hacer incansables esfuerzos a lo largo de la vida para regresar al recuerdo de sí, porque a menos que intentemos recordarnos a nosotros mismos, estamos sufriendo, sin importar si somos felices o estamos tristes. Hoy limpié la chimenea y me quedé asombrado al ver las cenizas. Es nuestro destino muy pronto, para todos nosotros.

Antes de que nos llegue la muerte debemos apresurarnos a reunir toda la consciencia que podamos, porque eso es lo nuestro, es lo que podemos llevarnos cuando nuestro cuerpo expire.

Estamos en una situación increíblemente peligrosa y es importante que nos recordemos. En la vida, todos actúan ingenuamente como si ya estuvieran en el cielo o fueran a ir al cielo. Debemos utilizar la nave que tenemos para crear cuerpos astrales. Los momentos de recuerdo de sí no se pierden nunca. La parte más profunda de nuestra naturaleza comprende que nos estamos preparando para la muerte; sabe y comprende ideas, aunque nosotros actuamos como si no las comprendiéramos. Con el paso de los años, va surgiendo un sabor anticipado de la muerte. Nuestro tiempo es limitado, va disminuyendo, y la urgencia de recordarnos se pone de manifiesto. En el fin: allí has de encontrar el principio.

La muerte nos acorrala y todo lo que tenemos es el recuerdo de sí; con eso basta. La muerte nos despoja de todo, excepto de los momentos de recuerdo de sí que hemos acumulado. Las personas que entran en el camino escaparán de la muerte a través de su novena vida.

Un estudiante «cayó muerto» ayer. Tenía unos cincuenta años, era un buen estudiante, vivía en una casa de enseñanza y ahora las fuerzas superiores han realizado la transmigración de su alma; tomaron el alma y dejaron el cuerpo contraído en el piso. La transmigración ha tenido lugar en este siglo, en medio de esta gente que duerme. La muerte de un estudiante nos recuerda para qué trabajar.

La muerte nunca está demasiado lejos y todos tendremos lápidas encima bastante pronto. Sólo contamos con el hoy y puede que ni siquiera tengamos el resto del día; sin embargo, podemos tener la eternidad, siempre que estemos presentes. La muerte es una ilusión, si se cristaliza correctamente.

Ouspensky decía que una de las funciones de la verdadera psicología es el estudio de nuestras limitaciones. Necesitamos aceptar nuestra incapacidad para penetrar la idea de la recurrencia. Para verificar este concepto, se necesitaría estudiar en una escuela de un nivel superior al nuestro, donde no hay más que cuerpos astrales. Aunque muchos grandes hombres han hablado de la recurrencia, mencionando que estaban seguros de la exactitud de esta idea, el sistema puede estudiarse separadamente. En la práctica, se puede trabajar para evitar la recurrencia, tratando de estar presente ahora.

Amo a mis padres, pero no tengo ninguna ilusión acerca de su destino. Nuestros padres deben morir y sufrir el destino de todos los seres humanos, a menos que, como nosotros, traten de nacer por segunda vez.

Siento las pulsaciones del final de mi papel, aunque sin duda, es el final de mi cuerpo físico solamente. A todos nosotros nos llega el punto de la muerte, mas nuestra juventud oculta este hecho. Cuando se está entre los treinta y cinco y los cuarenta años, comienza a observarse el atardecer, mientras que antes se veía el amanecer. Estas son palabras, pero se trata de una experiencia real. Walt Whitman dijo: «Una esfera desconocida y más real que la que soñé, más directa, arroja sobre mí dardos que me despiertan». El hombre es la única criatura que puede comprender la magnitud de la inconsciencia.

Una vez sacaron de mi habitación todos los muebles, excepto la cama y una silla. Cuando entré, me di cuenta de que la muerte era así: todo lo que uno puede llevarse es a sí mismo. Mi casa estaba vacía. No puedo recordar haber tenido otra experiencia como ésta que nos reduzca a la simplicidad de la vida. La muerte es una transición natural a la que, de alguna manera, nosotros nos acercamos positivamente.

Las credenciales son engañosas y la muerte no se deja impresionar con ellas. La muerte es una experiencia, aunque también es una ilusión. Es como el nacimiento: cada uno tiene que pasar por él.

Solón dijo: «No llames feliz a ningún hombre hasta que muera». Observa tu tiempo así; no juzgues ningún mes hasta que hayas visto cómo termina.

Ouspensky dijo: «Todas las despedidas llevan el germen de la muerte». Por eso nosotros somos muy sensibles al decirnos adiós, pues nunca se sabe cuándo llegará la muerte. Ciertamente, todos verificamos esto, uno por uno. Michel de Montaigne decía que todos somos novicios en lo relativo a la muerte. Es imposible detener la muerte del cuerpo.

Las personas comunes se ven sacudidas por la muerte, ante la realidad de que van a morir.

A nosotros nos ocurre lo mismo. Las pruebas nos fuerzan a volver a nosotros mismos, a la esencia, a la verdadera personalidad y a los centros superiores. Cuando el sufrimiento nos llega, resulta un choque que el sufrimiento sea el sufrimiento que es. La mayoría de la gente lo amortigua, gran parte de su vida, con gritos y charla innecesaria. Los hombres no piensan que perecerán, aunque lo harán pronto. ¿No es asombroso cómo la muerte nos desarma? Siempre nos sorprende, siempre nos sacude, pero nunca está demasiado lejos.

Sólo soy un maestro, no tu alma. Perdonaré sus faltas y ustedes las mías. La muerte no lo hará, pues no hay nada más inclemente que la muerte. Pocas son las palabras apropiadas para quien está luchando con la muerte, pues un encuentro con ella revela qué poco sabemos del destino de nuestra empobrecida facultad regente. Dar rienda suelta a la autocompasión puede parecer prioritario; sin embargo, a pesar de que hay una gigantesca presión para que experimentemos esa emoción, la alternativa accesible para nosotros consiste en continuar penetrando el presente, hasta que la vida haya terminado su curso. El presente es todo lo que en verdad es nuestro y, cuando la muerte nos desafía, esto se hace evidente.

¿Cómo sabes que el recuerdo de sí tiene algo que ver con la muerte?

Claro está que yo hablo desde mi propia verificación; hay que verificar esto por uno mismo y también el hecho de que seres invisibles, la Influencia C, nos están ayudando a escapar. Hay que intentar pensar en términos de «cómo» en lugar de «por qué». La muerte se lleva todo, excepto nuestros momentos de presencia. No podemos verificarlo ahora, pero, de acuerdo con el sistema, con la muerte un campo de energía va hacia la Luna o Mundo 96. Gurdjieff dijo que ciclos planetarios infinitamente largos han de transcurrir antes de que la posibilidad de escapar se presente de nuevo.

Al final, uno se vuelve el estudiante de más edad en la habitación. Cuando dejemos de lado el cuerpo mortal, podremos sentir la última despedida.

En el momento de la muerte, uno se ve reducido a la absoluta simplicidad de su ser. A todos nos llega la hora de la muerte, y el hombre número cuatro pondrá su alma en manos de la Influencia C («en tus manos encomiendo mi espíritu») con la esperanza de que lo lleven al limbo, a esperar un papel consciente. Todo apunta en esta dirección. Sócrates decía que, cuando se muere, si uno no se ha cristalizado, el alma es llevada al limbo, que es un estado divino de descanso. Las pesadillas y los sueños no interrumpirán el estado de limbo. El purgatorio es un estado de castigo. La mayoría de nosotros ha verificado que la Influencia C existe, lo cual indica claramente que el purgatorio existe. El limbo es para las almas ascendentes, una cuna para el alma, un dormir sin sueños.

Por la gracia de la Influencia C he conseguido llegar hasta el otro lado y llevaré a mis estudiantes conmigo.

Nuestra buena suerte es inconmensurable, pues hemos establecido una conexión con lo milagroso, lo cual es un gran alivio, en tanto podamos ser consolados en lucha tan monumental. La lucha con la muerte revela qué grande es nuestra ilusión sobre la vida. Puede que no conquistemos la muerte en esta vida; sin embargo, podemos superarla en otra vida. La muerte no es un tema de preocupación para nosotros, si cristalizamos correctamente. De aquí al momento de la muerte habremos escapado de la tumba. Somos personas que hemos vencido el tiempo y la muerte.

Las últimas palabras de Benjamin Franklin fueron: «Un hombre moribundo no hace nada fácilmente». Con el recuerdo de sí, todo ha de hacerse con intencionalidad, incluso cepillarse el cabello.

La muerte prueba que, perder el tiempo, es el mayor de los crímenes.

La mayoría de los estudiantes no llegan a comprender que sus máquinas están destinadas a expirar. Piensan que la vida puede continuar indefinidamente. Ni siquiera la humanidad es inmortal y, en forma periódica, es destruida por las fuerzas superiores. Una de las cosas más importantes que pueden aprenderse es que la respuesta no consiste en palabras, sino en un estado. Las personas se vuelven muy calladas justo antes de morir, porque el tiempo se ha acabado para la falsa personalidad.

Somos muy afortunados, porque tenemos todo lo que necesitamos. Tenemos la meta de despertar; tenemos a la Influencia C que nos eleva y tenemos una escuela sagrada. Una escuela en la Tierra es un honor y un privilegio poco común. Los que han dejado la escuela están en una situación mucho peor que los que nunca tendrán el privilegio de encontrarla. Si se pierde la escuela, se pierde el camino, porque no queda nada más que la primera línea de trabajo. Para evolucionar se necesitan la segunda y la tercera líneas de trabajo y también la Influencia C. La protección para no perder la escuela es saber que se necesita la escuela. No estamos aquí para reconfortarnos porque hay muchas personas en la escuela. Cada persona está aquí por sí misma, encaminándose hacia los puntos de nacimiento y muerte; el nacimiento del cuerpo astral y la muerte del cuerpo físico. Nada escapa sino la consciencia. ¿Qué otra cosa podría hacerlo?

Al Borde de la Muerte
«Ahora termina el curso de mi vida
cual frágil barco en el mar tempestuoso,

que arriba al puerto. Y en ese día
bienes y males la razón rindió.
Al arte, la amorosa fantasía
alzó como ídolo y rey. Ahora conozco
qué error del alma fue su señorío.
Todo cuanto anhela el hombre es yerro.
Pensamientos felices,
¡cuánto dañan!,
¿Qué será de vosotros si dos muertes —cierta y cercana—
se aproximan ledas?
Ni pintar ni esculpir dan paz al alma
que quiere volver hacia ese amor divino
cuyos brazos se abrieron en la cruz, para abrazarnos.»
Miguel Angel Buonarrotti.

El tercer estado de consciencia es imperecedero, y afortunado el hombre que descubre pronto que su única posesión es estar presente. Esto se vuelve más obvio cuando nuestro tiempo comienza a disminuir. La prueba de la muerte no es el momento para aprender ciertas lecciones profundas, como la comprensión de que nuestro tiempo es limitado. Tenemos que entender las leyes devastadoras tan rápido como sea posible, con el fin de tomar medidas para escapar de ellas.

Todos nosotros estamos en camino hacia el punto de la muerte y estamos haciendo algo sobre eso ahora. En nuestro intento de escapar de la muerte nos vemos involucrados en una guerra mucho más grande. Qué difícil fue para Johann Goethe haber vivido tanto. Sin embargo dijo: «El arte final y más grande es limitarse y aislarse». La muerte es una experiencia cara a cara donde dos fuerzas, la muerte y el sí mismo que existe en nosotros, luchan por obtener el control. Uno es más listo que la muerte mediante el recuerdo de sí.

La mayoría de las personas de edad se arrastran hacia la muerte, desamparadas y lamentándose. Nosotros también moriremos, pero no como ellas. Debemos hacer todo lo posible para no quejarnos y para transformar la experiencia última, el acto final.

La cena es a menudo la recapitulación del día. Y llegará un día y será la recapitulación de la vida; es decir, terminaremos nuestros papeles en un día en particular. Estamos aquí vivaces y atentos, pero todo es provisional, excepto el recuerdo de sí.

La gente que busca la Influencia A pasa por una muerte superficial sin adquirir algo para sí. No hay cómo engañar a la muerte. No aceptará credenciales ni medicinas. Lo único que se interpone ante la muerte es el recuerdo de sí. Llegará para cada uno de nosotros un día en que nos quedaremos paralizados, cuando veamos la muerte en nuestro propio rostro.

Será gracias a las experiencias que compartimos por lo que los estudiantes no probarán la muerte. Es decir, en el transcurso de nueve vidas llegará el éxito. Trabajamos durante toda la vida para recordarnos a nosotros mismos. Cuando la muerte llega, no perdemos; conservamos lo mejor que hemos cosechado; esto pasa a otra nave. La naturaleza, con su increíble ciclo de vida y muerte, nos enseña a madurar. La muerte extrae un tributo enormemente pesado tanto de los que perecen como de quienes se quedan. Nosotros, los que recordamos, seremos los recordados. Los antiguos griegos hablaban del cementerio en nuestro corazón, que cada uno de nosotros debe llevar consigo.

Actualmente, la Tierra tiene de cinco a seis mil millones de habitantes y todos caerán presa del tiempo. Nosotros somos personas a quienes se nos ha concedido el privilegio de trascender el tiempo. Espero darles mi conocimiento más puro cuando complete mi tarea. Estoy casi seguro de que las fuerzas superiores permitirán que haya contacto, y en ese momento, espero pasarles información acerca de su próxima vida e informarles que la muerte es, en todos sus aspectos, una ilusión para las almas ascendentes. Esto continúa siendo una teoría para nosotros esta noche; sin embargo, puede ser un hecho para la escuela superior.

De este plano de la existencia, tomamos el amor por los dioses, por Dios y el alma. Todo lo que tenemos que hacer es dividir la atención para evitar la muerte. El recuerdo de sí es su propia recompensa y cada una de nuestras muertes verificará estas palabras. La muerte es el final de la vida y la vida eterna el final de la muerte.

LA CONSCIENCIA

Podemos comprender algo claramente hoy y no entenderlo mañana, porque la consciencia tiene grados. Aunque podamos estar insatisfechos con el resultado de nuestros esfuerzos durante algunos días, debemos recordar que el trabajo ha de verse con una perspectiva de años y aun de vidas. La escuela tiene éxito y produce consciencia en sus participantes.

Cuanto más cabalmente se comprenda que se está dormido, mayor repulsión se sentirá por ello y se deseará despertar. Uno de los catalizadores más útiles para despertar es el darse cuenta de cuán repugnante es el sueño.

Es interesante considerar dónde va uno cuando no está recordándose a sí mismo. Desaparecemos silenciosamente, secuestrados por el ladrón de la imaginación. Hay un matiz muy fino entre el primero y el segundo estados de consciencia; la misma línea divisoria delicada existe entre el segundo y el tercer estados. Este es el motivo por el cual choques simples producen en nosotros estados superiores. Tenemos la fortuna de que nuestras máquinas estén tan delicadamente equilibradas que nos permiten entrar con presteza en reinos inmortales.

La naturaleza no alienta nuestro propósito de despertar y ha preparado una variedad de desviaciones tentadoras, pero vacuas. El despertar es un asunto simple. Dividir la atención es darse cuenta simultáneamente de uno mismo y de lo que se está mirando. Es el estado que buscamos día tras día. El camino hacia el ser es tortuoso, no es directo. Michel de Montaigne decía que somos como un hombre ebrio tambaleando hacia su meta.

Hay muchas lámparas para guiarnos en nuestro penoso camino; sin embargo, son pocos los que desean que una luz penetre su oscuridad. Somos personas que se han comprometido a despertar. Por eso estamos aquí esta tarde, en lugar de estar en cualquier otro sitio.

No puede tenerse consciencia moral sin consciencia. En el sentido cabal de la idea, una máquina no puede tener consciencia moral. A pesar de todo, hay que trabajar con lo que se tiene. Es necesario hallarse en un estado de relatividad para comprender las ideas del sistema.

Debemos hacer esfuerzos: tratar de estar presente nos acerca al tercer estado de consciencia. A veces, los esfuerzos por estar presente nos empujan dentro del presente. La Influencia C lleva una varita mágica en una mano y un garrote en la otra, y sentimos ambos a lo largo de nuestra gestación. La Influencia C debe golpear con el garrote a un hombre número cuatro, porque los choques sutiles no dan resultado. Es gracias tanto a los momentos místicos como a los hercúleos que verificamos el trabajo y, lo que es más importante, llegamos a ser el trabajo.

El tercer estado es nuestra verdadera identidad. Los centros superiores siempre se encuentran muy cerca.

¿Cuáles son algunas de las características del tercer estado?

Una característica es la simplicidad. El tercer estado de cons-

154

ciencia no es ni frío ni distante, aunque sí es un reino sin palabras. Ciertos estados vacuos tratan de apropiarse de nuestro ser, pero no son nuestro ser. El cerebro instintivo se opone al recuerdo de sí y socavará nuestro trabajo, tratando de encontrar defectos en la gema más singular de la Tierra, el preciado sí mismo que hay en nosotros. Los centros superiores están representados en la *Biblia* por niños, para simbolizar su estado de inocencia.

El tercer estado es incómodo y, sin embargo, nos produce satisfacción. Cuando el tercer estado haga su aparición, acéptalo. No hay nada más refinado que puedas aceptar que el sí mismo que existe en ti.

El tercer estado no es ninguno de los «yoes», es el alma. Los mejores «yoes» de trabajo tampoco lo son: la consciencia no es las funciones. Hay que encontrar las maneras de asir y perpetuar el presente. Usa los ejercicios de mirar y escuchar y, sobre todo, transforma el sufrimiento. No se puede estar negativo y *ser*.

Ni aun los «yoes» de trabajo que nos instan a recordarnos a nosotros mismos son el sí mismo recordándose. El preciado «yo» de trabajo «Está presente» no es el estado de presencia, aunque está definitivamente más cerca del sí mismo que muchas manifestaciones formatorias, tales como: «Hola, ¿cómo estás?». Se puede estar más cerca de las orillas del tercer estado de consciencia o más alejado, y los «yoes» de trabajo están bastante más cerca de la orilla del tercer estado. Los «yoes» mecánicos se encuentran cerca del primer estado y no hay casi nada valioso detrás de ellos.

La primera vez que entré en la Catedral de San Pedro, mi rey de corazones comenzó a experimentar una emoción religiosa de éxtasis, la emoción maquinal más cercana a la experiencia del sí mismo.. Inmediatamente tuve que elegir el recuerdo de sí en lugar de la autoindulgencia. Como resultado, experimenté el tercer estado.

Siempre estamos tratando de concentrarnos en el recuerdo de sí, intentando atravesar el velo de la imaginación. Un aspecto positivo de los grandes choques es que levantan el velo de la imaginación; el tercer estado aparece y no se va. Los ángeles son técnicos que pueden crear choques geniales. O bien uno puede usar los choques o bien será usado por ellos. Un fuerte choque no desaparece: deja resonando el tercer estado de consciencia en nuestro interior.

La humillación produce el tercer estado: nuestra humilde alma. Debe experimentarse la humillación con frecuencia, a lo largo de la vida, para crear el cuerpo astral.

Sin el recuerdo de sí, sin el tercer estado, reina la confusión. Recuerda usar el sentido común.

Los intentos para producir un estado objetivo resultan difíciles, porque el segundo estado de consciencia nos parece real cuando lo comparamos con el primer estado, que es relativamente inanimado. Tal engaño puede impedir que experimentemos la consciencia.

El despertar es mucho más de lo que puedes imaginarte, porque no es imaginación, es realidad. Es importante tomar a la Influencia C en sus propios términos. Te den lo que te den, trata de soportarlo con serenidad. Si deseas despertar, nada se interpondrá en tu camino; si no quieres despertar, tú te interpondrás en tu propio camino.

Es útil que vivamos tanto tiempo como sea posible para servir a la Influencia C. La naturaleza de un arca es perdurar cuando la humanidad se autodestruya.

¿Puedes hablar de la esperanza consciente?

Dante dijo acerca del Infierno: «Abandonad toda esperanza, vosotros los que entráis aquí». Algún día, en la entrada de «Apolo» se leerá: «Abrigad toda esperanza, vosotros los que entráis aquí». El despertar nos transporta más allá de la esperanza, y aprendemos a aceptar *lo que es* a medida que verificamos nuestra incapacidad para alterar las circunstancias externas. Además, cuanto más conscientes somos, menos deseamos modificar esta dimensión empobrecida del Rayo de la Creación llamada Tierra. Lo último que quedó en la caja de Pandora fue la esperanza. Esto indica que en el proceso del desarrollo se realizan muchas observaciones desagradables al ascender desde la seducción de la Influencia A hasta el dolor de la Influencia B. En esta etapa todo lo que se tiene es esperanza, pues el despertar es imposible sin la ayuda externa de la Influencia C. Recuerda, hemos buscado y encontrado lo milagroso.

Si se está despierto, se puede amar; si se está dormido, no se puede amar.

¿Cómo podemos fortalecer esa pequeña parte en nosotros que está interesada en despertar?

Aplica terceras fuerzas positivas a tu vida, equilibra tus tres líneas de trabajo o pasa más tiempo con estudiantes.

Recibimos choques porque estamos dormidos; no tienen ningún otro significado. Siempre estamos en apuros; simplemente es cuestión de darnos cuenta. El recuerdo de sí debe ser más persistente que el sueño.

El sueño es el adversario de los dioses, y he aquí que tú eres el que duerme.

¿Cómo podemos incrementar nuestro deseo de despertar?

Comprendiendo que el despertar es una idea factible. Recuerda, el sueño lo empeora todo y el recuerdo de sí lo mejora todo.

Nuestra escuela está básicamente centrada en *cómo* despertar y no en *por qué* despertar, pues es de por sí evidente: uno está dormido.

Hay que recordar que la consciencia no es actividad mental. Uno debe ser sincero consigo mismo y recordar que su alma se encuentra en una máquina. Debe recordarlo a lo largo de su vida. A medida que uno intenta recordarse, acumula ciertas sustancias que utiliza para seguir despertando. El despertar no es para la máquina, sino para el alma aprisionada en ella. Esta es una idea antigua y, en cada siglo, un grupo de personas se reúne para compartir el conocimiento esotérico y tomar medidas apropiadas para escapar.

Tenemos la buena fortuna de estar creando almas juntos y por separado. Nuestro primer nacimiento es mecánico; el segundo, consciente. Nacemos por segunda vez mediante la atención dividida. Los hombres número uno, dos y tres llevan una existencia biológica, ya que una generación reemplaza a otra sin fin. Hemos perturbado la paz de nuestras familias al descubrir el recuerdo de sí; sin embargo, nuestro papel es un don para la herencia familiar, aunque no podemos esperar que lo aprecien.

La intensidad y duración de nuestro trabajo determinan el nivel de nuestro desarrollo. Cuando uno intenta recordarse, y una hora más tarde despierta y descubre que los «yoes» mecánicos tenían control, posee un «yo» observador. Sin embargo, si está produciéndose una guerra civil interna, se posee un mayordomo. Un mayordomo plenamente desarrollado requeriría un amo totalmente desarrollado. El control, entonces, lo ejercería el sí mismo a través del mayordomo. El despertar requiere mucha más paciencia de la que pueda imaginarse. No tenemos elección. ¿Acaso los prisioneros la tienen?

El despertar agota el entusiasmo ingenuo, porque uno debe ser consistente. Se puede tener una comprensión emocional, pero con el fin de comprender una idea para siempre es necesario ser consciente. Algunas veces el centro emocional es el único centro que comprende; sin embargo, necesitamos los cuatro centros para lograr una comprensión verdadera, lo cual vendrá más tarde. Para despertar hay que trascender el espectro del centro emocional, pues no puede confiarse en ninguna meta emocional que no esté relacionada con el despertar.

A pesar de que la formación del mayordomo es una rara excepción, tal nivel de desarrollo es accesible para un hombre número cuatro. El mayordomo no solamente fotografía la falsa personalidad, sino que la controla con relativo éxito. Sin embargo, quizás no es deseable que el mayordomo controle permanentemente la máquina, porque así no se tendría necesidad del alma o del amo. El mayordomo es un mecanismo que ha sido diseñado en nuestra máquina con limitaciones. No está destinado a controlar situaciones difíciles, porque es necesaria cierta intensidad para producir los centros superiores: el sí mismo y no el mayordomo es lo que está destinado a volverse consciente.

El cuervo es una criatura diseñada para servir como espejo del hombre, porque junta cosas sin valor y las considera preciosas. De la misma forma, la falsa personalidad persigue propósitos insustanciales y los valora por encima del esfuerzo de recordarse a sí mismo. Como escribió John Milton: «La gente atribuye demasiado valor a cosas no tan excelentes, como tú mismo puedes ver. ¿Qué admiras tú, qué te transporta así?»

El no expresar emociones negativas es la clave más importante para el despertar. Una emoción negativa difícil de superar es la identificación con la propia incapacidad para recordarse a sí mismo. Sin embargo, un mayordomo desarrollado correctamente evitará que tan sutil negatividad obstaculice nuestros esfuerzos posteriores para despertar.

La consciencia no es mecánica y, por lo tanto, hay que ganarla. Haciendo el pago de transformar el sufrimiento para despertar, se comprende que pagar es necesario. Qué lamentable es la idea de desear la obtención de algo, sin dar nada a cambio. Todos somos ingenuos respecto de los requerimientos del despertar. Todo se reduce a ser crucificado innumerables veces.

Aunque a la juventud le gusta hacer esfuerzos para despertar a través del cuerpo, los centros superiores despiertan a través de la transformación del sufrimiento emocional. Aun así, tratamos de que el despertar sea lo más positivo posible. No te tomes nada en serio, excepto tu meta de despertar; no cuentes con otra cosa que no sea el presente.

Uno puede estar en el primer estado de consciencia mientras está en el segundo. Podemos observar a las personas en esta condición; simplemente están ausentes, no se mueven y sus cabezas están fijas. Ouspensky concluyó el último capítulo de su libro, *Psicología de la Posible Evolución del Hombre*, con la aseveración de que la consciencia puede existir sin las funciones. También pueden existir las funciones sin la consciencia, esto es, un hombre número uno, dos o tres, así como cada uno de nosotros cuando estamos dormidos. Nuestras máquinas funcionan sin consciencia, si no estamos recordándonos. El tercer y el segundo estados también pueden coexistir. Los centros superiores pueden aparecer, y de hecho lo hacen, mientras la máquina continúa funcionando. Por ejemplo, simplemente al poner un leño en la chimenea se puede crear el tercer estado.

Estoy agradecido por los muchos diagramas que hay en los libros de trabajo, pero no los sigo, porque la consciencia no es las funciones, y uno necesitaría seguirlos con el centro intelectual, que es una función. Por supuesto que la mente tiene su lugar. Sin embargo, puede irnos bien con o sin los diagramas; eso depende principalmente de la expresión de nuestra esencia. A Ouspensky y a Rodney Collin les fue muy bien *con* ellos.

Hay un tiempo para tratar de evitar todo tipo de «yoes», incluso los de trabajo. El centro instintivo puede manipular los «yoes» de trabajo, haciendo que se analice el presente en lugar de experimentarlo. Los ejercicios de mirar y escuchar son las mejores formas de alentar nuestro despertar.

¿Cómo podemos aprender a relajarnos?

No estamos aquí necesariamente para relajarnos. Cristo dijo: «El hijo del hombre (el Mundo 6, intelectual superior) no tiene donde recostar su cabeza». Recuerda no tomar demasiado en serio las cosas incorrectas y esto te permitirá experimentar el trabajo correcto de los centros.

El despertar debe convertirse en una forma de arte, porque hay un arte para cada momento. Suele ser una forma de arte sencilla, tal como apreciar un árbol, un concierto o los momentos simples de amistad. Tenemos que trabajar para estar presentes durante nuestras reuniones. Aquellos «yoes» que generamos, que dicen «despierta», nos acercan al tercer estado de consciencia. Cuando tenemos un día en el que hemos experimentado una multitud de terceros estados, comenzamos a ver lo que podemos extraer de nuestra existencia. El tercer estado no es natural al hombre; es metafísico.

Oleadas de conocimiento esotérico nos acercan a la consciencia:

sin embargo, aquí no podemos abarcar toda la sabiduría, ni mucho menos. La consciencia no es las funciones, ni es el conocimiento que inculcamos en nuestros centros. La escuela sobrepasa nuestros sueños, porque nos devuelve a la realidad. El presente es la única experiencia de la vida que no puede sobrevalorarse.

Las escuelas no están diseñadas para un despertar relativo; están diseñadas para un despertar completo. La Influencia B *es* un despertar relativo y se basa en símbolos de identidad más que en la identidad en sí. El despertar completo está reservado para un hombre número siete. En un hombre número seis, la llama eterna está encendida, pero decae. Lleva años conservarla iluminada plenamente. Alexander von Humboldt, buen amigo de Goethe, dijo: «La naturaleza no ofrece a Dios nada tan superior como el hombre completo».

Las fuerzas superiores no darán el don de despertar a los que persistentemente se ponen primero. Uno debe ser capaz de realizar la segunda y la tercera líneas de trabajo, además de la primera. Desde el punto de vista esotérico: «Los últimos serán los primeros» significa que aquéllos que pueden servir experimentarán la unidad; aquéllos que con egoísmo se ponen primero, serán los últimos en el Rayo de la Creación y morarán en la Luna. No hay ventajas para ninguna alquimia, centro de gravedad, sexo, peso, edad, raza o tipo de cuerpo. Estamos hablando de la maquinaria que es capaz de producir el recuerdo de sí. Pero ¿qué es lo que te impide pensar así? Es interesante que algunas personas despierten porque imaginan que es posible hacerlo, mientras que otras no despiertan porque imaginan que no lo es.

No sería necesario que yo permaneciera aquí, si la gente no estuviera intentando despertar. Una estudiante antigua y yo estuvimos hablando antes de la cena. Comentó que después de haber estado trece años en la escuela no era consciente. Le respondí que saber esto la coloca a la cabeza de toda la humanidad. Mira, estamos muy cerca de la salida hacia la vida eterna y nos estamos preparando para partir. Tengo el mayor de los respetos por mis estudiantes, porque trabajan en la oscuridad. No hubiera empezado a enseñar, de no saber que hay luz al final del túnel.

Debes comprometerte totalmente a despertar. Resulta difícil si se tiene un compromiso, y es imposible sin él. Piensa en todas las increíbles obras que han tenido lugar a lo largo de la historia de la humanidad, y luego piensa en tu propia obra divina de llegar a ser consciente. El recuerdo de sí, la consciencia, es el significado oculto del Rayo de la Creación y la razón de nuestra existencia. La humanidad, los otros planetas, el Sol y las galaxias sirven de telón de fondo para el recuerdo de sí y la creación de cuerpos astrales. Los seres conscientes han de producirse para que el Rayo de Creación crezca; el Absoluto necesita ayuda.

Cuando los centros superiores están funcionando, uno está despierto. Luego, ese estado desciende, y en el sueño, no pueden recordarse algunos elementos del incidente, porque lo inferior está intentando recordar lo que experimentó lo superior. Debemos recordar que la máquina humana es excepcionalmente complicada y se conoce poco de sus operaciones. Ouspensky lo percibió cuando dijo que la anatomía es una ciencia incompleta. Por ejemplo, los médicos no saben que hay un centro intelectual, un centro emocional, uno instintivo y uno motor. Además, cada una de estas cuatro mentes está subdividida en tres partes: la intelectual, la emocional y las divisiones mecánicas, representadas en la baraja por el rey, la reina y la sota respectivamente. La sota se divide adicionalmente en la parte motora y la parte instintiva, las cuales

163

inicialmente deberían considerarse como un cerebro, pero después pueden observarse como dos cerebros. Cuando uno intenta recordarse a sí mismo, funciona el rey de corazones, la parte intelectual del centro emocional, por lo cual es el instrumento más noble de la máquina, con excepción del sí mismo. Nuestra alma, ubicada entre nuestras sagradas sienes, en la glándula pineal, no pertenece a nuestra máquina, pues es un cuerpo astral, no físico.

Tenemos grupos de «yoes» que han verificado definitivamente la Influencia C y grupos de «yoes» que ni siquiera saben qué día es hoy.

Ahora nuestro grado de consciencia es superior a lo normal. Podemos hablar ahora de ciertas ideas de las que no podremos hablar más tarde, pues la máquina descenderá a un grado inferior de consciencia. Puede aun intentar ponerse negativa. En este momento estamos al borde de los Mundos 12 y 6, pero si estamos luchando con una emoción negativa, significa que el Mundo 96 está presionándonos.

A lo largo del día, nuestra consciencia varía y podemos experimentar una gran fluctuación, incluso en un minuto. Nuestras máquinas pueden topear en un momento y dividir la atención en el siguiente.

Las mismas grandes ideas se repetirán a lo largo de la historia de la escuela. ¿Qué idea puede compararse con el recuerdo de sí? Además, algunas personas tienen una mayor habilidad para acumular conocimiento que otras. Si se desea reunir más conocimiento, debe cambiarse el nivel de ser. Pero no se trata tanto de la necesidad de más conocimiento, sino que es necesario asimilar lo que hemos recibido. No podemos decir demasiadas cosas nuevas, pues la lucha sigue siendo la misma en cualquier siglo: hay que trabajar arduamente para crear un alma.

Acepto pausas silenciosas durante la cena, aunque puedan resultar incómodas, para recordar que la consciencia no es las funciones. No podemos escapar hablando. Aprender a soportar la incomodidad producida por el silencio es un paso necesario en nuestro desarrollo.

Algo bastante profundo en nosotros quiere que la consciencia sea las funciones, que sea actividad mental, pero no lo es. El despertar es matemático. La parte intelectual del centro emocional funciona con hidrógeno 12; para despertar, el hidrógeno 12 debe circular dentro de nuestra máquina, pues es materia consciente y provee la sustancia para la consciencia, la memoria y la voluntad. Este es un hidrógeno electrónico difícil de soportar.

¿La cristalización comienza mediante el recuerdo de sí?

La cristalización comienza con el proceso del recuerdo de sí, el cual altera nuestra química interna. Sin el sistema, el hombre generalmente permanece en las partes mecánicas de los centros. El recuerdo de sí activa las partes emocionales e intelectuales de los centros y establece lazos entre los centros y la glándula pineal. Si se está destinado a cristalizar en esta vida, según mi experiencia, esto lleva unos diez años. Sólo deberíamos tomar nota de ello. Ser un maestro es una ciencia inexacta.

El centro intelectual no puede llegar a ser consciente, porque la consciencia no es una función. Nuestros cuatro centros inferiores tratan de resolver esta cuestión; son como las hermanastras de Cenicienta. La consciencia tiene grados, y uno de sus grados es el de ser permanente. Si uno está verdaderamente recordándose a sí mismo, es consciente, a pesar de que la claridad de la presencia, en verdad, varía.

Si el sistema no cediera ante la subjetividad del hombre, todos los seres conscientes que ha producido serían iguales, lo cual frustraría uno de los propósitos de la consciencia. El sistema en sí mismo no existe. La consciencia producida en sus participantes es su logro real. ¡Qué misterio la existencia! Tenemos muchas respuestas, pero aún es un misterio por qué la consciencia no es las funciones. La consciencia es un estado, no una opinión.

Describimos y definimos; sin embargo, la consciencia sigue siendo la consciencia. Un cisne reconoce a otro cisne cuando lo ve.

LOS CENTROS SUPERIORES

La presencia de los centros superiores es, en sí, suficiente recompensa, ya que existen en el eterno Ahora.

El sistema sólo puede comprenderse y soportarse desde los centros superiores.

El recuerdo de sí nos sitúa en un nivel diferente de la creación. Tratar de establecer una conexión con nuestros centros superiores es mucho más difícil que cualquier otra cosa que hayamos intentado anteriormente, ya que el alma es consciente y no mecánica; por eso el proceso de despertar se denomina «El Juego Maestro».

Uno de los secretos del despertar es que los centros superiores no pueden evocarse si se piensa mucho en uno mismo. Cuando los centros superiores se manifiestan en nosotros, sirven con altruismo. No podemos desarrollar estados inmortales que sean egoístas, porque serían una maldición del universo en lugar de una bendición. Para que los centros superiores puedan nacer, debemos tener la fortaleza que da la consideración externa. En general, cuando tratamos de considerar externamente uno a otro, nuestras máquinas se afanan tanto que, por ejemplo, cuando hay una sola silla y dos personas, ninguna de las dos se sienta. Necesitamos ser flexibles para saber cuándo recibir y cuándo dar. Leonardo da Vinci dijo: «Nunca me canso de servir».

Los centros superiores tienen un comienzo humilde. Cuando los experimentamos por vez primera —lo cual puede durar cinco segundos— una simple presencia sin palabras se asoma desde nuestra máquina.

Si eres desconsiderado con los demás, los centros superiores no pueden surgir. La consideración externa es práctica y humana. Búscala tanto en lo pequeño como en lo grande, y la divina armonía que resuena a través del universo hará eco dentro de ti.

Estaba clasificando mis notas esta tarde, revisando, corrigiendo y eliminando, y me di cuenta de que, cuando había revisado la cuarta parte del archivo, la palabra «yo» aparecía sólo una vez. Es una ley que los centros superiores sólo pueden emerger si uno se olvida de sí mismo. Nuestra vida se hace más interesante en la medida que no hablamos ni pensamos acerca de nosotros mismos.

Los centros superiores no pueden evocarse cuando estamos inmersos en problemas imaginarios. Si podemos abandonar esta tendencia superficial de nuestro ser, los centros superiores podrán aflorar. Hacer demasiadas preguntas acerca de nuestro trabajo nos impide ver lo que este mundo extraordinario tiene para ofrecer. Para despertar hay que olvidarse de la máquina y de su sentimiento imaginario de importancia. Con el tiempo, se desarrolla un estado compasivo que tiene la costumbre de pensar en los demás. Había una vez en Japón un estudiante del budismo Zen que se acercó a su maestro y le dijo que tenía muchos problemas. Él maestro le pidió amablemente que colocara todos los problemas en su mano. El estudiante no pudo, porque sus problemas no eran reales. Los problemas existen en un estrecho plano de identificación.)

¿Estamos realmente creando almas al tratar de recordarnos a nosotros mismos?

Exactamente. Este es el significado de la vida en la Tierra; todo lo demás es biológico. William Wordsworth escribió: «El niño es el padre del hombre». Con el recuerdo de sí, el hombre es el padre de su niño: los centros superiores.

Diferentes energías, como las del centro instintivo y de las partes inferiores del centro emocional, se hacen pasar por el sí mismo. En los momentos en que recordamos nuestra vida encontramos nuestra verdadera identidad, porque cuando la memoria funcionaba, los centros superiores se hallaban presentes. Los cuatro centros inferiores no pueden comprender las ideas superiores, porque están reservadas para los centros superiores.

El tercer estado es totalmente imprevisto. Resulta extraño porque es muy real, comparado con nuestra naturaleza, que es mecánica en su mayor parte. Afortunadamente, podemos encontrar formas para introducir choques emocionales que crean la energía necesaria para desarrollar los centros superiores. Los centros superiores tienen su propia inteligencia y sus propias formas de recibir información.

Despertar es un proceso matemático y los resultados son proporcionales a nuestros esfuerzos. Los que entran en el camino se abocan a una lucha larga y diligente por sus almas. Si se requieren diez o quince años para llegar a ser un artista consumado, ¿cuánto más se necesitará para crear un alma? Los muchos «yoes» a veces me recuerdan a las olas del mar que nos azotan. A veces, la séptima ola, la más grande, rompe y nos empapa los «yoes». La facultad regente (nuestra alma) posee una gran ventaja que los muchos «yoes» nunca podrán igualar. Los muchos «yoes» no son reales, mientras que la facultad regente sí lo es.

El conocimiento que compartimos es poderoso, porque la realidad es una experiencia extraña. Esto se comprende cuando se establece una breve conexión con los centros superiores.

No hay un camino fácil hacia los centros superiores. Se despierte en el Este o en el Oeste, las pruebas son difíciles: Buda y Sócrates murieron envenenados. Hombres notables son martirizados, a fin de que la humanidad pueda cultivar los principios que ellos sostenían.

¿El sí mismo está constituido por los centros superiores, el emocional y el intelectual?

Sí. Mientras que la máquina es sólo masculina o femenina, nuestra alma es un ser unificado. Platón decía que las personas son mitades que buscan sus opuestos. El centro emocional superior y el centro intelectual superior son rótulos para estados divinos.

La única forma para descubrir nuestra verdadera identidad es experimentando los centros superiores. La experiencia es tan vívida que una persona íntegra no la olvidará. La falsa personalidad nos castigará por experimentar los centros superiores. La bruja, en «Blancanieves», representa nuestra reina de corazones e intenta eliminar a Blancanieves, o sea, los centros superiores, porque desea ser «la más bella de todas».

En general, el Mundo 6 está presente en momentos de peligro y el Mundo 12 en situaciones emocionales. Con una preparación avanzada, el Mundo 6 puede estar presente en situaciones emocionales y el Mundo 12 en situaciones difíciles.

Una forma de perpetuar los centros superiores cuando emergen es aceptándolos. Cuando los centros superiores aparecen, la máquina intenta librarse de ellos rápidamente. La falsa personalidad puede sugerir que fotografiemos nuestro centro instintivo, el cual se muestra muy reticente a ser foto-grafiado. La máquina se desespera por minar el nacimiento de los centros superiores.

No es fácil para los hombres número cuatro y cinco aceptar los centros superiores cuando aparecen, porque sus máquinas tratan de socavarlos a través del miedo, la indiferencia o una variedad de engaños.

Los centros superiores seguirán funcionando mientras el sí mismo recuerde permanecer despierto. Además, los esfuerzos para recordarse a sí mismo se acumulan y los centros supe-riores pueden tener un «crescendo» de quince minutos antes de que se extinga su capacidad para estar presente. En tales momentos, uno debe retornar a su mayordomo, pues impedirá que descendamos demasiado.

Ciertos estados son legítimos, pero también ingenuos. Los centros superiores pueden ser muy lúcidos, claros e incisivos y pueden estar progresando sin que uno se dé cuenta. Más importante aun, pueden estar presentes sin choques. Con el tiempo, los centros superiores comienzan a educarse a sí mismos, porque no deseamos producir algo inmortal que no sea inteligente. Cuando los centros superiores comienzan a funcionar, son como niños pequeños inocentes, y uno está simplemente agradecido de su llegada. Más tarde, el mismo estado lee libros y escucha música: comienza a educarse a sí mismo. No me refiero a educar la esencia, sino a los centros superiores en conexión con la esencia. Los centros superiores están diseñados para servir a la humanidad. Cuando apare-cen los centros superiores, comienzan con la primera línea de trabajo, es decir, comienzan por sí mismos. Cuando las perso-nas encuentran una escuela, se espera que trabajen la mayor parte del tiempo en la primera línea de trabajo y, más tarde, cuando puedan empezar a pensar en los demás, en la segunda o en la tercera líneas. Cuando los centros superiores aparecen por primera vez, existen para sí mismos y, más tarde, existen para servir a otros.

Tenemos la fortuna de que haya una salida y de que podamos utilizar las partes más altas de los centros para alcanzar los centros superiores. Algunos estudiantes prosperan bajo presión, mientras otros se marchitan; sin embargo, la presión debe fluir incesantemente. La presión y sólo la presión puede evocar los centros superiores latentes.

Los centros superiores son la cuarta dimensión de nuestras máquinas y no son mecánicos. Sólo se puede penetrar la cuarta dimensión *siendo*. Es decir, para comprender la cuarta dimensión hay que *ser* la cuarta dimensión. Una de las razones por las que el tiempo a veces parece pasar tan rápidamente es que los centros superiores están ocasionalmente presentes y el tiempo no existe para los centros superiores; es decir, los centros superiores están fuera del tiempo.

¿Cómo podemos aprender a sobrellevar los hidrógenos elevados?

Los hidrógenos elevados son sinónimos del sí mismo o de los centros superiores. Para mantener los centros superiores, se debe ser capaz de controlar la mentira en los cuatro centros inferiores. Cada una de las cuatro funciones inferiores asciende ansiosamente y evita que los centros superiores se manifiesten. Además, cada uno posee una identidad propia, que es insignificante comparada con la propia alma.

Tenemos un cuadro imaginario de lo que somos, que es muy diferente de la realidad. Podemos ver nuestro nivel de ser observando el nivel de identificación que nos rebaja. La lucha para resistir pequeñas cuestiones de identificación constituye nuestra verdadera vida interior. Ouspensky observó que el ser de los hombres difiere y que la mayoría de la gente no conoce la idea del recuerdo de sí. También decía que el concepto del recuerdo de sí ha sido casi completamente pasado por alto en la psicología occidental. Sin embargo, la idea de estar presente aparece en la poesía occidental, frecuentemente bajo la forma de la apreciación del momento. Aun así, podemos observar que la mayoría de los poetas no valora en verdad esta idea; escriben tan fácilmente sobre otros temas como lo hacen sobre el estar presente. No obstante, no podemos descartarlos por su falta de escala, porque algunos de los elementos de sus obras son útiles y conmovedores.

El recuerdo de sí sobrevive a las galaxias y a las estrellas. Los hidrógenos 6 y 12 son rótulos clínicos para nuestra alma embrionaria. Cada vez que sufrimos un choque producimos un indicio de esta sustancia divina e imperecedera. Cuando Apolo dirige los cuatro caballos que tiran de su carro, representa, desde el punto de vista esotérico, el Mundo 6 controlando los cuatro centros inferiores.

Ouspensky decía que el hidrógeno 48 es como una página en blanco. Nada sucede cuando la miramos; es neutra. El recuerdo de sí es hidrógeno 12 ó 6 y no es neutro. El hidrógeno 24 es la ternura de la esencia. Esta habitación, con sus hermosas columnas, las porcelanas, los candelabros de pared, los amigos y la música, son obviamente hidrógenos nobles. Una hermosa vista de la naturaleza, como nuestra viña, es la vida orgánica en la Tierra, hidrógeno 24. Una calle en una ciudad moderna, con luces de neón, es hidrógeno 96, la falsa personalidad. Así, la viña es la verdadera personalidad para la tierra.

En un día, si te recuerdas a ti mismo un segundo, dos segundos, un minuto o el lapso que sea, traspasas el infinito. Agradece esos momentos en lugar de estar negativo por no haber estado presente más a menudo. De la totalidad, ¡estos segundos son los que cuentan, imperecederos, por siempre tuyos, tú!

Hay que dar tiempo al tiempo, pacientemente, para que alinee nuestro ser con nuestro conocimiento. Estar presente funciona a la velocidad de la luz y nada se asemeja a nuestra propia luz interior.

¿Cuál es la relación entre la consistencia de un hombre número cuatro y el amor consciente?

Ser consistente significa no desviarse del propósito que nos da vida: despertar. Recuerda que «love», deletreado al revés, significa evolucionar.*

Se pensaría que cuerpos tan pequeños como los cometas no podrían perturbar el sistema solar, pero éste tiene un equilibrio muy sutil. Nuestros centros superiores son muy delicados y frágiles y, aun así, pueden controlar nuestros cuatro centros inferiores. Los centros superiores tienen la gran ventaja de ser reales, mientras que la máquina no lo es. Los centros superiores no toman las manifestaciones de la máquina como su individualidad.

Se necesitan los sentidos para producir los centros superiores. Mirar la naturaleza o escuchar música puede evocar los centros superiores.

La mente no es el alma. Los hombres no están tan vivos como pensamos que están y, si los viéramos desde el punto de vista de los centros superiores, comprenderíamos que gran parte de ellos es irreal. Cuando los centros superiores funcionan, es

---

* En inglés, juego de palabras entre "love", 'amor' y "evolve", 'evolucionar'. (N. del T.).

como ser vidente entre los ciegos; tal es la diferencia.

Cuando aparecen los centros superiores, hacen todo lo posible para no ser vistos. Es difícil evitar convertirse en un recluso, porque los centros superiores desean una vida tranquila. Se necesitan ambas cosas: estar con uno mismo a solas y estar con los demás. Cuando los centros superiores despierten han de servir. George Sand dijo: «La humanidad no está interesada en un hombre, si ese hombre no está interesado en la humanidad».

Cada segundo en que uno está presente se suma a su alma inmortal; todo comienza con estar presente. Sin el recuerdo de sí, uno está gobernado por la ley del accidente. Cada día retomamos la lucha inexorable de destrabar el presente para limpiar la bruma de la imaginación. La Influencia C nos da «yoes» difíciles para sacarnos de la imaginación, pero aprendemos a usar los pensamientos negativos transformándolos. El presente es lo único que tenemos y es nuestro para siempre.

Los centros superiores significan amor, voluntad y consciencia: ninguno de ellos puede existir sin los otros dos.

El recuerdo de sí crea los centros superiores, que no conocen el tiempo. Cuando los centros superiores funcionan, el tiempo deja de existir. Cuando se descubre que el tiempo es limitado, éste pasa más rápidamente. El tiempo se saldrá con la suya y comprimirá nuestra vida en unos pocos segundos. Sin embargo, nosotros tendremos la última palabra cuando creemos nuestra alma.

Poca gente está interesada en elevarse a los excelsos reinos de su alma, pero nosotros debemos sacrificarlo todo por nuestra alma inmortal, ya que las escuelas no están diseñadas para el despertar relativo.

Los centros superiores ven el mundo como es, sin esquemas

mentales. Los momentos en los que se experimentan los centros superiores son imperecederos. Trata de comprender la magnitud de esta idea: significa que uno puede ser inmortal, porque un alma ascendente no tiene fin.

El alma es más grande que los objetos que contempla. Para *ver* el todo, uno debe *ser* el todo, puesto que los centros superiores han de estar funcionando.

La inmortalidad está a nuestro alcance. Los libros nos educan, pero sólo el recuerdo de sí nos hace inmortales.

EL CUERPO ASTRAL

O uspensky nos recuerda que estamos persiguiendo algo grande: la creación de un cuerpo astral.

Somos una escuela joven en contacto con una escuela superior. Las Influencias Celestiales nos transmiten cómo desarrollar un cuerpo astral, no expresando emociones negativas, equilibrando los centros y no estando en imaginación, pero también comunican conocimiento que es menos intelectual. Nos han comunicado algunas profecías que para ellas son hechos, y hasta que se vuelvan hechos para nosotros han de llamarse profecías.

Es conveniente que el despertar sea un proceso largo, porque su valor no puede compararse con nada. Nada debería tomar más tiempo que la creación de un cuerpo astral.

Hemos descubierto el significado oculto de la vida en la Tierra: crear un cuerpo astral mediante la atención dividida. Tenemos la suerte de saber qué hacer con nuestras vidas. No podemos impedir que los demás malgasten las suyas y, si lo intentamos, malgastaremos la nuestra.

El recuerdo de sí no sólo ahorra tiempo sino que también crea un cuerpo astral que no está sometido al tiempo. Rodney Collin decía que hay que ver el trabajo en relación con un número de vidas. Nuestros cuerpos serán los mismos en vidas recu-

177

rrentes, pero nuestros centros superiores habrán jugado nuestros papeles con éxito y ascenderán a nuevos papeles. Los viejos papeles se presentarán nuevamente, pero nosotros no volveremos a desempeñarlos. Ascendemos por la escalera de Jacob. Sabemos que algo bueno está sucediendo porque la Influencia C trabaja con nosotros. Esto significa claramente que existen el cielo y la vida después de la muerte.

El deseo humano de volar es un sustituto mecánico de la creación de un cuerpo astral. Sólo se puede volar realmente con el recuerdo de sí, pues con él puede crearse un cuerpo astral capaz de moverse independientemente a través del universo. William Shakespeare escribió en el Soneto 44: «...pues el pensamiento ágil franquearía continentes y mares tan pronto como concibiera el sitio en que deseara estar».

Cuando despertamos, estamos agradecidos a los que han creado cuerpos astrales, porque los seres conscientes no viven *a través de* otros, sino *para* otros. Estar presente conduce a la cristalización del cuerpo astral, a la formación de un alma inmortal. No estuvimos presentes en nuestro nacimiento físico, pero estamos presentes en el nacimiento de nuestro cuerpo astral.

Sabemos que no podemos existir en lugar de los demás y que cada persona tiene que pagar para crear su cuerpo astral. Todo lo que tenemos es prestado, incluso nuestro cuerpo. Es matemáticamente imposible llevar algo con nosotros en el momento de la muerte, excepto nuestra alma. A veces me encuentro con estudiantes que van caminando, los detengo y les digo que mediante la atención dividida podemos crear un cuerpo astral y escapar de la vida orgánica sobre la Tierra. Recordarnos a nosotros mismos durante tres segundos o más aumenta nuestro cuerpo astral, nuestra alma. Es un hecho que podemos crear un cuerpo astral fuera de este cuerpo físico. Hay muchos paralelismos en la naturaleza: una oruga que se convierte en mariposa; una bellota en roble. La transformación de una oruga en una mariposa es la poesía de los dioses. La Influencia C nos presiona fuertemente para que creemos nuestro cuerpo astral. No es fantasía, es una realidad.

¿Dijiste una vez que el cuerpo astral puede levitar?

Sí. Respira, a su manera divina, aparte del cuerpo físico.

Las estaciones son una ilusión que no existe para los cuerpos astrales.

Ouspensky decía que el sistema desalienta la fe, pero existe un lugar tanto para la fe como para la verificación. Uno de nuestros estudiantes dijo: «La fe es el resultado de nuestras verificaciones». El último verso de la dedicatoria de «Fausto» dice: «Lo que se ha desvanecido, ahora cobra ser». Para mí esto significa que el alma se libera del cuerpo. Lo que se desvanece es el cuerpo físico de Goethe; lo que cobra ser es su cuerpo astral. Del mismo poema es el verso: «¿Todavía aprecia mi corazón aquella extraña ilusión?». Sin el recuerdo de sí, la vida es una ilusión; con él, la vida es realidad.

¿Cómo puede dejar de existir el tiempo? Parece que sólo cambia pero aún existe.

Cuando estás presente, traspasas el tiempo y éste deja de existir. Cuando te parece que tan sólo cambia, no has levantado completamente el velo de la imaginación. Con el recuerdo de sí, estás creando un cuerpo astral diferente del cuerpo físico. En última instancia, las fuerzas superiores fundirán tu cuerpo astral y el tiempo ya no existirá para él. No importa si no lo comprendes, porque el recuerdo de sí es siempre la acción correcta.

Nuestra escuela es una escuela práctica. Se preocupa de *cómo* formar un cuerpo astral, no de *por qué*. Es importante tener en cuenta el conocimiento teórico, pero selectivamente.

Nuestros cuerpos astrales necesitan recibir impresiones naturales para evolucionar. La esencia de la escuela se está perfilando; se desarrolla mediante la discriminación, aprendiendo qué buscar y qué evitar. La belleza alimenta nuestro cuerpo astral. Friedrich Schiller decía que los hombres necesitan aprender que la belleza es una necesidad. La naturaleza es hermosa pero seductora, y el hombre debe viajar más allá, al mundo astral de su propia alma. Pocos hombres comprenden lo que son capaces de alcanzar.

La simple realidad es que, cuando dividimos la atención, estamos creando un cuerpo astral. El presente lo es todo. Podemos transformar nuestro cuerpo físico con un cuerpo astral.

El cuerpo astral de Cristo resucitó de entre los muertos, esto es, la humanidad. Tenemos nueve vidas; la última es inmortal. Los ángeles tomarán nuestro cuerpo astral, mientras que nuestro cuerpo físico será abandonado a la descomposición. Un hombre número cuatro debe tener fe en que la Influencia C tomará su cuerpo astral después de la muerte y lo preparará para su siguiente papel.

EL SÍ MISMO

El alma tiene muchos nombres, entre ellos: el sí mismo, el amo, el «yo» real, los centros superiores, los centros intelectual superior y emocional superior, Dios, el Hijo del Hombre, el Reino de los Cielos, el testigo, el tercer ojo y la facultad regente.

Tiene que enseñársenos a reconocer el alma y luego a valorarla por encima de todo lo demás. En la vida hay interminables lecciones sin palabras, diseñadas para alcanzar el alma y pasar por alto el centro intelectual.

No puedes tomar nada eterno de este plano, excepto a ti mismo.

Qué tumultuosa y patética es nuestra vida interna. El ejercicio de mirar es una de las mejores maneras para interrumpir este caos. Pueden mirarse las flores o el veteado de la madera de la mesa. Algunas veces los «yoes» nos dejan agotados a todos. Lo que los observa o, mejor aun, lo que los ignora, eres tú mismo.

Nada de lo que vemos es real. Confundimos la forma física con la vida, pero no hay nada real, salvo el recuerdo de sí, aunque la máquina piensa que es real, y se equivoca.

Tenemos enemigos y aliados dentro de nosotros; sólo tú te interpones entre tu alma y tú.

Uno busca en su interior algo que ha olvidado durante el día.

Entonces, con alarma, se da cuenta de que se ha olvidado de sí mismo.

¿Cómo se puede ser más responsable de sí mismo?

Recordando hacer el trabajo. El sistema funciona si lo usas. Nadie puede recordarse a sí mismo por ti. Esto es algo maravilloso, porque significa que posees tu propia alma. Aunque cada uno de nosotros está solo, nos tenemos los unos a los otros y poseemos la ayuda externa implícita en una escuela consciente. Sin el sí mismo, no hay nada con lo cual adorar al Absoluto o asistirlo en el logro de sus metas.

¿Qué significa crear el sí mismo?

Hay un alma en nuestro cuerpo y el recuerdo de sí tiene un efecto acumulativo: el alma va fortaleciéndose, creándose a sí misma y creciendo gradualmente cuando estamos presentes. El alma no es mortal.

Verdaderamente, no puede tomarse nada de otro, pero sí puede encontrarse y darse algo de uno mismo. La cuestión no es tanto si yo debería permanecer como un enigma para ti, sino, más bien, si tú has de seguir siendo un enigma para ti mismo. Sólo se puede comprender a otra persona en la medida en que uno se comprende a sí mismo.

Todo debería ser un telón de fondo para nuestro sí mismo. Hemos encontrado una resonancia más profunda que la vida y por eso estamos aquí: para encontrarnos a nosotros mismos. Al final, comprenderás que tú eres lo único que te impide avanzar. Ser sincero consigo mismo será siempre la búsqueda más antigua sobre la Tierra: éste es el motivo por el que la Tierra y el hombre fueron creados.

Nuestro sí mismo es un fenómeno separado de la máquina; sin embargo, identificaciones superficiales intentan interrumpir el nacimiento de los centros superiores.

182

Al ponerse en el último lugar, uno coloca el sí mismo en el primer lugar.

Hay muchas cosas sobre las que no puede hacerse nada. Como Ouspensky señaló, es muy injusto que muramos o que nuestras máquinas deban expirar. Si bien poco podemos hacer sobre nuestra muerte, podemos hacer mucho más por nuestro cuerpo astral antes de que el cuerpo físico perezca. La función oculta de la máquina es crear un alma inmortal. La idea de transformación está enterrada tan profundo, bajo tantas capas de dispositivos artificiales, esto es, topes y distracciones, que es difícil alcanzarla.

El alma está compuesta por una sustancia imperecedera que se hace permanente. Como sucede con la fragancia de una rosa, no podemos verla, pero está allí. Es molecular. Al nacer, cuando el alma entra en el cuerpo físico, el espíritu entra en la materia.

Rara vez nos preguntamos dónde está el alma antes del nacimiento, aunque a veces pensamos acerca de adónde irá después de la muerte. ¿Dónde está el alma antes del nacimiento? Dentro de treinta años estaremos sentados alrededor de la mesa y habrá alguien de veinte años. Su alma está en alguna parte esta noche; yo diría que en un estado divino de reposo llamado limbo. Dormidos o despiertos, estamos envueltos en misterios universales.

¿Cuánto depende el alma del cuerpo físico?

El alma tiene que transformar el sufrimiento del cuerpo físico para poder nacer. El alma siempre será el resultado de sus experiencias. Cada fase de la vida ofrece desafíos y nuevas identificaciones que tenemos que transformar. El valor de nuestro cuerpo físico reside en lo que contiene: el alma. El recuerdo de sí es todo lo que tenemos e incluso nuestros cuerpos son tan sólo equipaje que debe dejarse a un lado.

Sin duda, sabemos lo suficiente como para crear un alma y eso es mucho. Decididamente, aquéllos que estudian métodos para desarrollar su alma se encuentran por encima de los que no lo hacen.

Si pudiéramos incrementar nuestra percepción y nuestra comprensión, ¿actuaríamos entonces de una manera particular?

Estarían, quizás, más cerca de lo que imaginan que es una conducta superior. El alma se encuentra muy separada de este nivel y es sin duda ella misma. Estaríamos perdidos si pudiéramos describir exactamente nuestra alma, si se tratara más de palabras que de ella misma. La consciencia no es las funciones; nuestra alma no es nuestro cerebro ni nuestro centro intelectual.

Una manera de reconocer el alma es viendo lo que no es. No es emociones negativas ni el rasgo principal. Resulta muy interesante que veas tus brazos como un aparato, una grúa. Cuando lo ves así, es tu alma la que mira la máquina objetivamente. Cuando estás dividiendo la atención, tu alma está presente.

Tenemos en nosotros una joya indescriptible: nuestra alma. Las escuelas orientales aludían al alma como una piedra preciosa. No es lo que habla. Es una pequeña alma en una nave, que algunas enseñanzas llaman «lo innombrable».

La historia iguala a todas las personas, pues todo lo que podemos ver ha de perecer inexorablemente. Así, de los numerosos milagros sobre esta Tierra, el más grande, con mucho, es la creación del alma, pues el tiempo no la desfigura. Hay muchas personas en la enseñanza que harían el sacrificio supremo para despertar. Darían sus vidas, si fuera necesario, para crear un alma.

Estamos viendo lo mejor de cada uno esta noche, la parte que amamos especialmente. Brindemos por tu alma: está aquí.

LA INFLUENCIA C

La Influencia C es una influencia celestial sagrada que nos llega desde las estrellas y no debe confundirse con las influencias terrestres.

No conocemos la Influencia C hasta que la encontramos y luego la verificamos mediante la transformación del sufrimiento. Es un privilegio encontrar la Influencia C, pero la experiencia es dolorosa.

«Influencia C» es simplemente una expresión aséptica para designar a los ángeles o a los dioses. Es una expresión ideada para eludir nuestros prejuicios y con la que podemos tener una conexión nueva. Es mejor si pensamos en ella como Influencia Celestial. «Influencia C» puede sonar como una etiqueta, pero «Influencia Celestial» suena a divinidad.

En la *Biblia* se dice: «Muchos son los llamados y pocos los escogidos». La expresión «pocos los escogidos» revela que alguna inteligencia está haciendo la selección. Gurdjieff, Ouspensky y Collin se refirieron a la mente superior que dispone nuestro destino como «Influencia Consciente». El hombre no es el poder supremo en el universo; incluso más, casi carece de poder y es un verdadero extraño en la Tierra.

Debes reconocer lo que tienes capacidad de verificar. El hombre es una criatura tan vanidosa que piensa que puede resolver los enigmas del universo. En el pasado las fuerzas superiores eran conocidas como ángeles o dioses. Homero dijo hace mucho tiempo: «Todos los hombres tienen necesidad de los dioses». Eso era verdad entonces y lo es igualmente ahora. Sabes que estás jugando el papel de tu nombre y que cada día se escribe un guión especialmente para tu evolución. Esto puedes verificarlo, por lo menos. Sin embargo, algunos conceptos no puedes verificarlos. No obstante, puedes comprender con claridad que el recuerdo de sí es siempre mejor que el sueño, que siempre es la acción correcta.

¿Los dioses son lo mismo que los ángeles?

Sí. Los dioses, los ángeles y los seres conscientes son sinónimos. La razón por la que el Cuarto Camino usa el término «fuerzas superiores» (o «Influencia C», «Influencia Consciente») es para permitir una nueva comprensión del concepto y eliminar nociones preconcebidas.

En el mes de septiembre de 1967 encontré la Influencia C a través de mi primer maestro. Nunca nada me había impresionado tanto. Cuando la Influencia C se me reveló, la vida después de la muerte se convirtió en un hecho, instantáneamente.

¿Qué significa «Influencia C» sino ángeles? Es una expresión ideada para nuestra era científica. Los ángeles son fuerzas increíbles. Antes de encontrar el sistema y la escuela, queríamos saber si había vida después de la muerte, fuerzas superiores y cosas tales como ángeles o dioses.

La Influencia C permanece y yo también. La Influencia C nos guía hacia las puertas del Cielo. La influencia directa de Dios no alcanza la Tierra, pero su influencia indirecta nos alcanza mediante la Influencia C.

186

¿Cada uno de nosotros tiene un ángel asignado?

Subestimamos el trabajo que es capaz de realizar un solo ser consciente. Si te lo contara te parecería absurdo, pero un solo ángel es capaz de hacer una enorme cantidad de trabajo. Se mueven a velocidades tremendas. El hombre puede volar en aviones dos veces más rápidos que la velocidad del sonido; el hombre es una creación de los ángeles. Es bueno no ser ingenuo y tomarse las cosas de una forma excesivamente personal. Básicamente, cuarenta y cuatro seres conscientes despliegan su actividad por toda la escuela.

Las fuerzas superiores nos ayudan todos los días. A veces nos dan regalos (sufrimiento) que son difíciles de soportar, pero no están castigándonos.

Puede verse la dirección en la cual la Influencia C desea moverse, observando lo que hacen. Comprendo bien a la Influencia C. No es negativa, aunque utiliza nuestras debilidades, tales como la dominancia femenina. No puedo recalcar suficientemente qué regalo es que las fuerzas superiores se nos hayan revelado. Rara vez se revelan, incluso a seres conscientes. Recibimos la Influencia C porque la vida la rechaza. Allí se busca la Influencia A, mientras que nosotros buscamos la Influencia C.

Todos nosotros tenemos una máquina subjetiva con una visión subjetiva. La Influencia C está asistiéndonos, pero la máquina humana no puede ver las impresiones metafísicas. Puede ver los claveles, pero no puede ver la fragancia de los claveles, porque no está diseñada para hacerlo. Los dioses pueden, quizás, ver tales cosas como las corrientes del viento, las fragancias, etcétera.

Todos somos igualmente mecánicos, pero las cosas comienzan a mejorar cuando encontramos la Influencia C. Una vez que se ha verificado que las fuerzas superiores realmente existen, no se merece su asistencia, si se cuestionan sus métodos. Por cierto, nos relegan si perdemos demasiado tiempo preguntando «por qué» en lugar de «cómo».

Es difícil pedir ayuda a la Influencia C, porque la ayuda que recibimos es sufrimiento que esperan que transformemos.

Con la Influencia C hay que pensar en opuestos y viceversa, en remolinos y volteretas, en que tienen un profundo sentido del humor junto con una gran capacidad para la tragedia. Son maestros completos de lo impredecible.

El despertar tiene que ser difícil o no lo desearíamos; es completamente imposible de alcanzar sin la Influencia C. Las fuerzas superiores nos han empujado muchas veces hasta el borde, pero no más allá de él. Pueden hacer que cualquier situación se convierta en la gloria o en el infierno.

Es interesante que las fuerzas superiores nos ayuden, ¿no es verdad? Y lo más que podemos hacer por ellas es transformar el sufrimiento en lugar de sentirnos agraviados por él; porque nada del plano físico les resulta útil: su naturaleza es metafísica. Nos ayudan con su amor por nosotros y por la humanidad.

Qué etéreo es el conocimiento que compartimos: casi damos por sentado que vemos el trabajo de los dioses, cuando, realmente, es algo bastante extraordinario, y casi todos los seres conscientes han sido mantenidos inocentes a esa percepción, debido a la índole de su tarea. No importa cuánto sepamos, nos vemos reducidos a la esperanza y la fe; la esperanza de que la Influencia C coloque nuestras almas en el limbo y las envíe otra vez a desempeñar un papel consciente. Esto puede ser un hecho para la Influencia C, pero sigue siendo teoría para nosotros; sin embargo, todo apunta hacia esta realidad.

Cada segundo en que nos recordamos a nosotros mismos es nuestro para toda la eternidad. Las fuerzas superiores han creado nuestros cuerpos físicos y, después de que el cuerpo perece, tienen métodos para preservar los momentos inmortales producidos por nuestra alma, durante la vida en la Tierra.

Cuanto más envejece uno, más aprecia la Influencia C. Nos queda mucho por comprender y cada uno debe entender los objetivos de la Influencia C personalmente. La escuela es una fábrica para producir almas individuales.

El cambio es, en verdad, la única característica permanente que tenemos. Es imposible no cambiar cuando la Influencia C está ayudándonos, y por eso estamos aquí, para volvernos como ellos. La cuestión no es tanto si el maestro existe o si la Influencia C existe, sino si *tú* existes.

Para alcanzar la Influencia C, hay que transformar el sufrimiento. La Influencia C no nos abandona. Las personas no controlan su destino; están en las manos de la Influencia C.

¿Nuestra habilidad para recordarnos a nosotros mismos está controlada por los dioses?

Sí. Nuestro progreso está regulado a lo largo de nueve vidas y cada vida es todo lo que puede soportarse. Cada persona que entra en el camino se volverá inmortal: por eso existe el camino. La vida de cada persona que entra en el camino es una epopeya; sin embargo, cuántas vidas vivimos en esta vida. A veces se recuerda con alivio que las fuerzas superiores están controlando la escuela. Tenemos el gran privilegio de comprender que las fuerzas superiores existen realmente y que la vida después de la muerte es una realidad. ¿Adónde lleva el camino? A la inmortalidad.

Ouspensky le dijo una vez a Rodney Collin que hay que hacer todo lo que se pueda, y luego simplemente alzó su mano señalando a la Influencia C. Hay grandes obras de arte que muestran una mano levantada que señala hacia las fuerzas superiores. Este era un motivo favorito de Leonardo da Vinci y lo utilizó en su *San Juan*.

Lo que buscamos es eterno y no depende de la época en la que vivimos.

La influencia directa de Dios no nos alcanza, porque los ángeles pueden manejar todo lo necesario en la Tierra. A veces podemos vislumbrar la inteligencia de los ángeles cuando, por ejemplo, comprendemos que inventaron al microcosmos del hombre, que puede trascenderse y crear un cuerpo astral. Las partes intelectuales de los centros son un tesoro que ellos concibieron. Los ángeles prosperan mediante la consideración externa; para ellos es un estado permanente. Somos piedra a la que ellos han dado vida, y aunque somos esencialmente niños, resultados considerables se esperan de nosotros.

Tenemos la religión más elevada: los ángeles trabajan claramente para ayudarnos a crear nuestros cuerpos astrales. Nuestras oraciones han sido escuchadas; ahora debemos soportarlo.

Cuanto antes nos sometamos, mejor. Si pudiéramos comprender la Influencia C seríamos ángeles. No hay nada que ellos no harían para producir el despertar. Somos los afortunados receptores de su trabajo.

Tenemos esta noche y la Influencia C; al menos esto podemos verificarlo. El objetivo de la escuela es crear almas, pero no hay simplemente sólo un objetivo. Muchas cosas son ciertas y están ocurriendo simultáneamente.

Nuestro destino está herméticamente sellado y es excelente.

Hemos sido elegidos por la Influencia C para despertar, mientras que casi todos los demás tienen un destino indiferente. Esto es, las fuerzas superiores los abandonan, en gran medida. La Influencia C quiere algo para nosotros: un cuerpo astral. Y quiere algo de nosotros: un arca para sobrevivir a la guerra de hidrógeno.

Sin fricción no podríamos evolucionar. Se supone que no debemos identificarnos con los choques, sino que tenemos que producir el tercer estado de consciencia, transformándolos. No hay nada a lo que no podamos sobrevivir: ¿qué otra elección nos queda?

Las fuerzas superiores se avergonzarían del modo en que nos tratan, si no supieran que están creando almas inmortales. Tienen una tarea terrible. ¿No es extraño que trabajen con nosotros? Hay dioses en la habitación, justamente ahora. No podemos verlos con nuestros ojos físicos, pero están aquí, al igual que la fragancia de esta rosa. Debemos tomar el mismo camino que ellos tomaron; el camino de la transformación del sufrimiento.

Es doloroso tener amigos que abandonan la escuela.

La tristeza es una emoción noble; sin embargo, transformarla es una alternativa más elevada. Las cosas siempre podrían estar mucho peor. Es mucho mejor utilizar los choques que resistirse a ellos; a la larga, se aprende a no disputar con la Influencia C. Acepto sus métodos en gran medida, porque sé que cuestionarlos no los cambiará. Las personas que pierden la Influencia C se destruyen a sí mismas. Su partida es una pérdida, pero identificarse con ello es una pérdida mayor. Eso no es recuerdo de sí, sino dominancia femenina.

La influencia B es para la gente que se contenta con el despertar relativo, mientras que la Influencia C es para los que desean despertar por completo. Nadie ejerce suficiente presión sobre sí mismo, lo cual es una de las razones por las que la Influencia C nos da choques. Tenemos que sobrellevar un sufrimiento tremendo, porque el hombre fue creado a imagen de Dios, y Dios tuvo que sufrir indeciblemente para crear un cuerpo astral.

A medida que verificamos la Influencia C, nuestros pensamientos se hacen más terribles. La Influencia C pone pensamientos en nuestra mente, para despertar la facultad regente. Es un gran alivio comprender que uno no es los muchos «yoes». Un estudiante me preguntó: «¿Cómo puede verificarse la Influencia C?». Le advertí que ocurren una serie de sucesos demasiado numerosos como para atribuirlos al azar.

Las fuerzas superiores nos prueban de diferentes formas para ver si somos dignos, y todo lo que hay que hacer es valorarlas por encima de todas las cosas. Has establecido un vínculo con lo desconocido; sin embargo, la Influencia C hará todo lo que pueda para sacudirte, para ver si eres digno de ella. Todos necesitamos lo mismo para despertar: su atención, lo cual significa transformar la fricción.

Ouspensky decía que Dios no creó al hombre, sino que asignó a una escuela superior la tarea de crear un ser autoevolutivo. Tan sólo somos una pequeña escuela sobre la Tierra y tenemos un vínculo con una escuela superior, la Influencia C. Representamos un brote de crecimiento del Rayo de la Creación y permitimos que la Influencia C avance hacia niveles aun más altos, cuando finalmente tomamos su lugar.

Necesitamos utilizar lo inesperado: a duras penas podemos utilizar lo esperado. Los choques que anticipamos claramente ya no son choques. Espera lo inesperado: ¿quién sabe lo que está por venir esta noche o mañana?

La guerra de hidrógeno parece inevitable, y ya no es necesario ser un profeta para predecirla. En nuestras vidas pueden suceder acontecimientos increíbles y estaría muy sorprendido si alguien sobrevive, aparte de nosotros. No somos mejores que los demás, pero somos más afortunados que todos los demás.

La Influencia C ha estado trabajando conmigo durante casi veinticinco años, y tal vez queden cuarenta años más por venir. Algunos de nosotros experimentaremos de cincuenta a ochenta años de Influencia C. He pasado estos años haciendo lo mejor posible para hablar creativamente acerca de una sola expresión: el recuerdo de sí, sin esperar nunca una idea más grande de la Influencia C, porque lo es todo para nosotros y está por encima de todas las cosas. Algunas personas quieren algo más, pero nunca van a conseguir nada mejor.

He aprendido a confiar en la Influencia C, aun cuando me envía a callejones sin salida, para ser maltratado. Al principio uno sale tambaleándose, aturdido. La Influencia C se toma el trabajo seriamente. No pasa por alto lo que cada persona necesita y sabe cómo reducir la falsa personalidad. Usa métodos bastante aplastantes. Todos sufren con o sin el sistema, pero nosotros tenemos la oportunidad de transformar el sufrimiento. Nuestra fuerza, comparada con la de la Influencia C, es apenas la de un gorrión.

Hemos encontrado lo milagroso: la Influencia C. Somos personas que han consumido su juventud produciendo centros magnéticos, con el fin de encontrar la Influencia C. Pero las personas de la vida han consumido su juventud sin obtener ningún provecho. Nuestro provecho es la Influencia C. Realmente, no podemos dar nada a la Influencia C, salvo la transformación del sufrimiento, cosa que espera, al igual que nuestro amor.

Es sorprendente que el hombre sea digno de participar en el

Rayo de la Creación. Cuando uno está recordándose a sí mismo, se halla en un orden diferente de la creación. Me maravillo de que podamos pronunciar palabras como éstas. Con el recuerdo de sí estamos más allá de la existencia biológica: estamos volviéndonos conscientes. Sin el recuerdo de sí, somos igual que un hombre número uno, dos o tres. Es duro darse cuenta de que hay de cinco a seis mil millones de personas sobre la Tierra esta noche y que la Influencia C nos ha seleccionado a nosotros para evolucionar.

Ninguno de nuestros logros es tan grande como establecer una conexión con la Influencia C. Comparado con eso, cualquier cosa es casi nada.

Los ángeles harán todo lo que puedan para despertarnos; nada evitará que la Influencia C realice su objetivo. Tras el sueño, las estrellas; tras el despertar, los dioses.

Tenemos la buena fortuna inconmensurable de haber establecido una conexión con la Influencia C; éste es un gran alivio, en tanto y en cuanto podamos recibir consuelo en lucha tan monumental como la del despertar. La Influencia C se complace mucho en entregar el regalo del despertar, pero es mesurada y lo da tan sólo a unos pocos. Siempre debemos aceptar lo que la Influencia C nos da y estar agradecidos por ello, sea lo que sea.

Hay una fila milenaria para ir al cielo; a pesar de ello, estamos a la cabeza de la fila. La Influencia C desea entregar a alguien sus regalos y, por una suerte inexplicable, hemos sido los elegidos.

Rainer Maria Rilke dijo: «Todos los ángeles producen terror». Nos dan terribles choques para despertarnos. Usan métodos indeseables para crear un cuerpo astral. La Influencia C juega frecuentemente el papel del malvado en nuestras vidas. Con ellos, uno absorbe constantemente; es la senda más elevada. Uno trata de soportar sin autocompasión. Resulta curioso, pero la Influencia C nos comprime hacia la inmortalidad.

¿Qué quiere decir Rilke cuando habla acerca de impresionar a los ángeles?

Eso significa estar en esencia, ser tú mismo, transformar las emociones negativas. No deberíamos querer impresionar a nadie. A duras penas podemos impresionar a los ángeles, ya que ellos nos crearon y somos sus vástagos.

No hay ni una sola palabra que yo diga que no esté supervisada por las fuerzas superiores; la obra es así de completa y está escrita por ellos. Las personas que hablan y las palabras que dicen están todas predestinadas; sin embargo, esto no empeora la obra. Si uno no sabe qué quiere la Influencia C, puede tratar de recordarse a sí mismo. Eso es lo que quiere.

Uno no puede admirarse lo suficiente de su propia ignorancia.

La nuestra es una religión objetiva. Esto es, los hombres pueden volverse dioses recordándose a sí mismos y transformando el sufrimiento.

La Influencia C es casi plenamente responsable de crear el tercer estado en nosotros. Ya sea que el tercer estado llegue a través de nuestros esfuerzos, ya sea mediante los esfuerzos de los amigos o de la Influencia C, deberíamos estar agradecidos.

La batalla real no es contra una persona o un suceso; es contra nuestra propia actividad mental, los muchos «yoes». Hay realmente sólo una cuestión significativa: estar o no estar presente. A menudo, todo lo que la Influencia C desea es que estemos presentes. El Absoluto atravesó obstáculos que han permitido que el resto de nosotros, gorriones, los atraviese.

Gurdjieff decía que la influencia del Absoluto no nos alcanza directamente, y está en lo cierto. La Influencia C nos ayuda. No necesitamos a Dios, el Absoluto: es demasiado grande para nosotros y tiene asuntos más importantes que atender. La Influencia C es capaz de satisfacer nuestras necesidades.

Homero dijo: «Los dioses no se dan a conocer a todos los hombres». La Influencia C no permite que mucha gente la encuentre, como nos es dado a nosotros. No quiere que el despertar se vuelva común, porque eso podría rebajar el despertar y reducir al Absoluto, que luchó indeciblemente para crear su cuerpo astral. Muchos estudiantes han verificado que una influencia consciente invisible está trabajando con ellos. Es difícil concebir que las fuerzas superiores puedan invertir tal cantidad de trabajo en el papel de cada persona que entra en el camino y simplemente descartar sus esfuerzos después.

Comprender la enseñanza de una escuela superior es un desafío, porque el nivel de ser de la Influencia C es mucho mayor que el nuestro. Trabajamos con muchas teorías que son hechos para una escuela superior. Todo lo que no podemos verificar debemos grabarlo en un espacio neutral, en lugar de aceptarlo o rechazarlo. Hemos recibido la Influencia Celestial, que es inconmensurablemente diferente de cualquier influencia terrenal, pero la vida nunca se percatará de ello. La Influencia C ya se ha probado a sí misma; somos nosotros los que hemos de probarnos a nosotros mismos.

Verificar la Influencia C no es un proceso suave; uno termina extenuado. Joven o viejo, hombre o mujer, la Influencia C nos da a todos la fricción que necesitamos para evolucionar. Siempre tiene algo problemático esperándonos, algo que necesita transformarse.

Al principio, cuando uno entra en el camino, parece como si

fuera extraído de la vida, pero cuando ve más claramente, se da cuenta de que su papel fue creado antes de haber nacido. El centro de gravedad y la alquimia son variables importantes que no pueden dejarse al azar y, a pesar de eso, producir el resultado correcto.

Al final de su vida terrena, Ouspensky, que había buscado una vez lo milagroso, *se convirtió* en lo milagroso. Su fiel compañero y espíritu consciente, Rodney Collin, escribió acerca de su fin y de su comienzo, en *La teoría de la vida eterna*: «De mi propio maestro sólo puedo decir que también produjo una obra entre sus amigos, en la cual ellos jugaron su papel inadvertidamente pero a la perfección, y cuyo argumento principal era la muerte de su maestro. Silencioso, los instruyó en sus corazones; algunos lo reconocieron y otros no. 'Siempre estaré con ustedes' pudo también decir, pero con sencillez, fumando un cigarrillo, de modo que nadie lo pudo advertir. Mientras yacía en cama en Surrey, poseyó con su propia mente a un hombre joven que volaba sobre el Atlántico, a quien ya había liberado de una ilusión. Esa mañana, muerto, caminaba con un viajero cruzando el Puente de Londres, y a otra persona, mientras viajaban en auto, le mostró la naturaleza del universo. No obstante, estas historias son difíciles de creer. Entonces, que este libro, escrito un año después de su muerte, preste testimonio de su logro, de un conocimiento del que no soy digno. El que pueda comprender, que comprenda. Que así sea».

Si la gente que entra en el camino se hace inmortal, ¿dónde está la idea de azar?

El Cuarto Camino es para gente que sabe demasiado. Si supiéramos lo que la Influencia C sabe, podríamos exhalar un suspiro de alivio porque, hasta lo que yo comprendo, los que entran en el camino no pueden dejar de hacerse inmortales.

Las personas que entran en el camino tienen la verdad, un destino divino. Cristo dijo: «Angosto es el camino que conduce hacia la vida y pocos son los que lo encuentran». Encontrar la Influencia C —lo cual puede parecer una casualidad— es, en realidad, el destino de nuestra fortuna eterna.

¿No hay nada sagrado para la Influencia C?

Nada, excepto tu meta de despertar.

Todos los logros significativos en la Tierra están controlados por la Influencia C. Estamos verdaderamente involucrados en acontecimientos tremendos, tales como el de la guerra de hidrógeno; no obstante, estos sucesos nos favorecen, porque han producido que las fuerzas superiores traigan una escuela a la Tierra. Esta escuela te permite escapar.

EL ARTE

Nuestra especialidad es el recuerdo de sí. No puede compararse con nada, ni siquiera con el arte.

Un artista consumado puede desarrollar el control de la atención en los cuatro centros, sin cultivar el arte del recuerdo de sí. La atención dividida es el trabajo de una escuela; es una idea oculta destinada a unos pocos. Más allá de lo grande que llegue a ser nuestra escuela, debemos recordar que somos una parte infinitesimal de la humanidad.

Apreciamos el arte y lo comprendemos hasta cierto punto, pero lo que realmente comprendemos es la atención dividida; cómo crear un alma.

Es maravilloso que seamos profesionales en el recuerdo de sí. Es nuestro «campo». Las artes son muy hermosas, pero quedan en un claro segundo lugar, por debajo del sí mismo que hay en nosotros, de nuestra divinidad. A lo largo de la historia, tan sólo unos pocos han contemplado las hermosas obras de arte que hay en el mundo, dividiendo la atención. Resulta interesante que la música no perdure, pero que lo que la escucha dividiendo la atención sea imperecedero. Así utilizamos la música.

Nuestra escuela está aprendiendo a valorar el arte, aunque la transformación del sufrimiento es nuestro principal sustento. Afortunadamente, no sólo la transformación del sufrimiento sino también la transformación de impresiones genera energía para el recuerdo de sí. El arte civiliza e inspira nuestra alma. Estar presentes mientras apreciamos el arte es una forma extraordinaria de evolucionar, porque cuanto más somos, más vemos y oímos.

Existen muchas desviaciones tentadoras y el arte es una de ellas. No tenemos que identificarnos con el arte. La identificación es como el papel matamoscas. Trata de evitar que se te quede pegado un dedo o dos o diez. Disfruto de todas las artes, pero también me distraen. Muchas cosas nos llaman la atención. Somos afortunados por tener la escala y la relatividad correctas en relación con las artes. Hay que mirar una gran cantidad de cuadros y visitar muchos museos para establecer esta escala. Somos muy afortunados aquí, porque vivimos para el presente, mantenemos el arte en perspectiva e impedimos que se convierta en un noble tope.

Tenemos que aprender a distinguir entre un buen cuadro y uno malo. No hay que confiar sólo en la reputación. Este punto es fundamental; debemos conocer por nosotros mismos el valor de las cosas, y es imposible hacerlo a menos que tengamos la fuerza del ser tras nuestras observaciones.

Es necesario incrementar nuestro conocimiento del arte, la música y la literatura. Sin embargo hay que recordar la escala de esta educación, porque no se compara con el significado del recuerdo de sí. Trato de evitar que los estudiantes se dejen engañar por el arte que practican; nuestra especialidad es el recuerdo de sí. Muchos estudiantes quieren volverse expertos en las artes, pero también necesitan ver el lugar relativo del arte en su trabajo. El sí mismo es nuestra propiedad más importante. Cuando escuches música o mires un cuadro, procura utilizar estas artes para dividir la atención y civilizar tu alma. Trata de evitar el pensamiento en términos de «o éste o aquél» cuando medites sobre el recuerdo de sí y el arte. Ambos tienen su lugar y cada uno hace mejor al otro.

La música puede crear el extraordinario sentido de urgencia que requiere el recuerdo de sí. La consciencia no perdona y los centros superiores no se dejarán penetrar por algo que no sea el recuerdo de sí.

Las artes son un espejo divino de la naturaleza y nos atraen, porque la reflejan y se elevan por encima de ella.

¿Cómo podemos prolongar el trabajo y hacerlo interesante?

Siendo receptivos al arte, a la naturaleza y, sobre todo, los unos a los otros. El arte es mucho mejor que la preocupación por la actividad insípida de la mente y nos proporciona algo para «estar presentes»; da una dirección a nuestra escuela.

Se nos educa en las artes de modo que podamos preservar lo mejor de la humanidad para el futuro de la humanidad. Con el recuerdo de sí uno puede dedicarse a su sí mismo y al arte, haciendo mejor ambas cosas. El arte, si es fiel a sí mismo, siempre debe mirar más allá de sí mismo. El alma, la amistad y el arte son viejos compañeros. Lo primero es el alma, después la amistad y después el arte. Los tres se fortalecen entre sí.

¿Por qué coleccionamos arte?

La belleza crea su propia imagen en quien la busca. El sistema, que es maravilloso, pone énfasis en elevar el nivel de impresiones a nuestro alrededor. Nuestra escuela invierte en arte para fortalecer la octava de impresiones.

Hablamos mucho sobre la cultura, pero su logro mayor es guiarnos al recuerdo de sí. Es un puente y hay muchos puentes que guían a los centros superiores. Cuando hablamos del arte, debemos recordar que queda en un claro segundo lugar después del sí mismo y que debemos usarlo para dividir la atención. Goethe dijo, hablando de la apreciación del arte: «Al final volvemos a una contemplación sin palabras».

Cuando aprecio el arte, suelo hacerlo sin palabras. A veces el centro intelectual se entromete y habla sobre arte en lugar de experimentarlo. Es como hablar del recuerdo de sí en lugar de experimentarlo. Cuando hablemos de arte, no hay que dejar que el recuerdo de sí desaparezca detrás del tema, porque el arte cumple su propósito más elevado cuando va acompañado del recuerdo de sí. Lo usamos en lugar de ser usados por él.

Apreciamos el arte porque reconocemos que la energía sexual está bien canalizada; sin embargo, la gente involucrada en el arte se desvía del uso más elevado de la energía sexual, pues va en pos del arte, en lugar de los centros superiores.

El arte no sustituye el recuerdo de sí, pero el alma necesita algo con que nutrir su esencia. Sócrates dijo: «Todos los hombres están en estado de gestación tanto física como espiritualmente y necesitan de un entorno bello para alentar su nacimiento». En todo caso, sin el recuerdo de sí, la expresión a través del arte es un callejón sin salida.

Tener interés en las artes ayuda, porque permite a los estudiantes no perder contacto con la escuela. Con frecuencia, los seres conscientes son artistas.

El arte objetivo es apreciado en cualquier época, mas el arte sólo puede llevarnos al umbral de nuestra alma. El arte verdadero se basa en la transformación del sufrimiento; el verdadero artista es un mundo en sí mismo. El arte es sinónimo del sí mismo y no hay forma de arte más elevada que cada alma individual.

No puedes alcanzar el arte extraordinario, a menos que transformes el sufrimiento extraordinario.

EL CUARTO CAMINO

E l sistema es el legado de civilización más antiguo sobre la Tierra. Al entrar en el camino, se establece una conexión con los aspectos conscientes del Rayo de la Creación que se encuentran en la Tierra. Prescindiendo del momento en que aparezcamos en este mundo, las cuestiones críticas siempre versan sobre el hombre y el universo. O sea, el hombre máquina y los centros superiores que despiertan en su interior.

Los hombres dejan el trabajo, pero el trabajo no deja al hombre.

No puedo imaginar que haya existido un solo camino o una senda hacia la verdad que no fuera extraño, porque se parte de una máquina en un nivel físico y se la transforma en un cuerpo astral. No enseñaría ni usaría mi energía si no sintiera que la inmortalidad es probable y que la muerte es una ilusión para los que entran en el camino.

Cuando se encuentra un sistema, el residuo del centro magnético sirve como fuerza contraria al mayordomo. La mayoría de los sistemas de este mundo son verdaderos, al menos parcialmente y, como vehículos para la influencia consciente, pueden haber permitido que algunas personas escaparan. Sin embargo, hay que ser lo suficientemente astuto como para concentrarse en este sistema, a través del cual respira ahora la vida de la consciencia.

La vida es difícil con el sistema o sin él. Ya sabes qué difícil es despertar *con* el sistema; sin él, la gente está totalmente dormida.

¿En qué medida es importante tener éxito en la vida?

Es útil ser un buen hombre de negocios, un buen amo de casa. El Cuarto Camino sucede en la vida y el ochenta y cinco por ciento de nuestra escuela se encuentra en la vida. Tener éxito en la vida nos permite viajar y educar la esencia.

Un buen amo de casa se caracteriza por estar alerta a lo esotérico, lo que lo distingue de una persona que simplemente va bien vestida y que es ordenada. Además, un buen amo de casa usa ideas objetivas y sentido común para afrontar las situaciones cotidianas. Considera que controlar sus centros tiene prioridad y busca su alma por encima de todas las cosas, porque comprende que, sin el recuerdo de sí, él no existe. Entrar en el camino requiere el excepcional sistema de valores intrínseco en un buen amo de casa.

¿Cómo se puede trabajar con «yoes» que piensan que no se es capaz de mantener el ritmo de la escuela?

Si valoras el recuerdo de sí y la escuela, por encima de todas las cosas, no tendrás ningún problema para seguir el ritmo; sé sincero contigo mismo y todo caerá en su sitio.

Es más fácil no comprender el sistema que comprenderlo; sin embargo, el sistema desentraña los principales misterios. El sistema es tan profundo que no nos deja tan sólo con un vocabulario funcional, sino que nos libera de él. Equivale a una mano que señala hacia los reinos superiores. Te señala a *ti* y tú no eres una palabra. Eres un estado, cuando puedes alcanzarlo.

El Cuarto Camino retira los símbolos de identidad y nos da la identidad en sí misma. Una enseñanza consciente puede ser el símbolo de nuestra identidad temporalmente y, sin embargo, el sistema es tan grande que trabaja para minimizar aun esa debilidad. El Cuarto Camino no nos deja nada en que confiar, salvo la realidad.

El Cuarto Camino prescinde de rituales y, aun así, toda nuestra vida se convierte en el noble arte de recordarse a sí mismo. No hablamos acerca del recuerdo de sí todo el tiempo; no obstante, todos estamos tratando de recordarnos a nosotros mismos, lo cual significa trascender el sistema. Hablar sobre el recuerdo de sí es ensayar, en lugar de ejecutar. Si no se va más allá del sistema, éste se convierte en un dogma. Ouspensky decía que todas las ideas del sistema están subordinadas y giran alrededor del recuerdo de sí. Nunca esperes que el sistema te ofrezca algo más valioso que el recuerdo de sí: es más que suficiente.

El sistema *funciona*; es decir, las personas realmente producen almas a través de él.

El sistema puede convertirse en un tope cuando nuestras máquinas, al realizar esfuerzos extremos, se empeñan en atribuirlos a la escuela, empequeñeciéndola. La falsa personalidad nos empuja a creer que el trabajo es el responsable de nuestras dificultades. El Cuarto Camino es infalible; son nuestras propias debilidades las responsables de los fracasos.

Ouspensky decía que el Cuarto Camino no puede ser popular, dado su carácter negativo: no adula la posición del hombre. La gente necesita símbolos de identidad durante un tiempo: movimientos, ejercicios de palabras, etcétera. El Cuarto Camino elimina cuidadosamente estos símbolos y nos fuerza a regresar a nosotros mismos, exactamente a donde pertenecemos. Comenzamos como *El Bohemio*, de Renoir, y terminamos como *Las lágrimas de San Pedro*, de El Greco, de rodillas.

El libro *Fragmentos de una enseñanza desconocida*, de Ouspensky, está tan por encima del nivel de la vida que pasa inadvertido.

El despertar es matemático, pero si la enseñanza se presenta con demasiada precisión, esteriliza el trabajo.

Se está en el camino cuando uno adapta su vida a la enseñanza, en lugar de acomodar la enseñanza a su vida. También se está en el camino cuando personalmente se reconoce que no hay nada a lo cual volver.

Se entra en el camino cuando los intervalos dejan de ser un elemento disuasivo para el recuerdo de sí. Ouspensky decía que uno puede tenerlo todo, pero si no tiene la suerte de ser elegido para entrar en el camino, no tiene nada.

El Cuarto Camino no funcionaría si la gente no lo aprendiera y lo transmitiera. Cuando se entra en el camino, se verifica el significado oculto de la vida en el universo. Nadie que haya entrado en el camino cambiará por nada su posición evolutiva dentro de la escuela.

Transformar el sufrimiento se vuelve un modo de vida cuando se entra en el camino. Una vez que se está en el camino, las podemos pasar negras durante la evolución. Está implícito que todos los que entran en el camino tienen que desempeñar papeles difíciles.

Cuando se entra en el camino, hay pocas preguntas, porque se ha aprendido a valorar la idea del recuerdo de sí; se comprende que lo que se busca es un estado y no una pregunta.

Puede decirse que estamos en el camino, cuando comprendemos por nosotros mismos que no hay nada más para nosotros. Mucha gente sabe cómo buscar, pero poca sabe cómo encontrar. Buscar es frecuentemente un tope para una persona con centro magnético, porque el hecho de que comience la lucha épica por despertar puede ser demasiado formidable. Sin esfuerzos, uno se pierde en la fascinación.

El sistema ofrece la teoría de que no podemos entrar en el camino hasta que no haya una nueva persona en nuestra escala. Al entrar en el camino, atraemos a alguien que nos reemplaza con una valoración similar por el despertar. Las personas en la misma escala tienen características similares.

¿Cómo podemos saber si estamos en el camino?

El tiempo es un factor. Si con el paso del tiempo se ha permanecido en la escuela diez, quince años, esto es una verificación. Ouspensky dijo: «Las escuelas son para personas que necesitan escuelas y que saben que las necesitan». Si uno no se da cuenta de que necesita una escuela, entonces, por supuesto, ha perdido el camino.

¿Es posible estar en la escuela y no estar en el camino?

Sí. Un pequeño porcentaje de la gente que encuentra la escuela entra en el camino. La Influencia C trabaja abiertamente con todo el que, estando en la escuela, entra en el camino. Homero decía que los dioses no se revelan a todos los hombres. De hecho, no se revelan a muchos, pero sí se revelan a aquéllos que, en nuestra escuela, entran en el camino. El sistema trata sobre muchos hechos, pero para que no se vuelvan dogmáticos, los presenta como teorías.

El sistema sólo puede beneficiarnos si lo usamos. Lo importante no es cuánto tiempo invertimos en el sistema, sino cómo utilizamos ese tiempo.

El sistema funciona porque produce resultados; los resultados son proporcionales a los esfuerzos. El Cuarto Camino alienta a no mostrar lo que se ha obtenido. Si se exhibe lo que se ha obtenido, ¿cuál puede ser la fuente de este despliegue sino la falsa personalidad? Nuestra alma es metafísica y puede brillar lúcidamente por tres minutos o tres segundos. Y esto eres *tú*.

EL HOMBRE NÚMERO CUATRO

Un verdadero hombre número cuatro es el producto de una escuela. Su deseo principal, que predomina sobre todos los demás, es despertar. Si fuese perfecto o consistente, sería un hombre número siete completo, porque la unidad es una propiedad de un hombre número siete. Un hombre número cuatro es responsable de ser fiel a su objetivo de despertar.

La guerra siempre ha estado presente en la historia de la humanidad. Platón decía que la guerra es un estado permanente para la humanidad. Los hombres número uno, dos y tres existen para la Luna y la Tierra, mientras que el hombre número cuatro existe para sí mismo. El desarrollo de la consciencia es, para el hombre, el significado oculto de la vida.

El hombre número cuatro vacila entre la gloria del recuerdo de sí y el infierno del sueño, y sus fracasos sobrepasan a sus éxitos, pero no indefinidamente. Si tienes una actitud correcta hacia tus fracasos y si no te identificas con ellos a través de la decepción, puede ocurrir algo maravilloso: cada vez que fracasas, te recuerdas a ti mismo.

Es humillante para un hombre número cuatro estar gobernado por «yoes» transitorios. En una primera etapa, el hombre número cuatro no observa este proceso, pero un hombre número cuatro maduro, a veces puede separarse del pensamiento asociativo.

El hombre número cuatro a menudo recibe choques bruscos, porque los choques sutiles pasan inadvertidos. Un hombre número cuatro aprende pronto a extraer lo máximo de los placeres del momento, si es que quiere disfrutar de la vida. Los choques se suceden uno tras otro, rápidamente, y si se prolonga el choque inicial con un estado de autocompasión o resentimiento, el próximo choque se superpone.

¿Qué significa ser un hombre número cuatro?
Tener el objetivo permanente de despertar. Un hombre número cuatro es un producto de una escuela consciente y está en el camino. Además, un hombre número cuatro desea la transformación del sufrimiento, por encima del sueño.

Se encuentra una escuela del Cuarto Camino a través del centro magnético; se es magnéticamente atraído por una enseñanza consciente. Se desarrolla con rapidez un «yo» observador, que puede ser un «yo» o un pequeño grupo de «yoes». El mayordomo delegado es un nuevo crecimiento del «yo» observador y posee una capacidad mayor para observar y fotografiar las manifestaciones mecánicas. Sin embargo, el mayordomo delegado es básicamente impotente para controlar lo que observa, porque lo debilitan los «yoes» mecánicos. Cuando se entra en el camino se desarrolla, con diferentes grados, un mayordomo, cuya capacidad para observar y regular las cuatro funciones inferiores es superior a la del mayordomo delegado. El control de los centros está reservado para el sí mismo, ya que lo que se desea es que el amo y no el mayordomo ascienda. Además, cuando se tiene un mayordomo, se ha producido un progreso desde la verdadera personalidad (Mundo 48) hasta la esencia (Mundo 24), y también se ha acumulado una serie de experiencias del tercer estado. Sin embargo, en un hombre número cuatro, los centros superiores se manifiestan sin que él lo advierta, pues los Mundos 12 y 6 están en estado embrionario. Un niño no se da cuenta de sus primeros intentos para caminar; el sí mismo comienza desde una posición igualmente simple.

Nuestra máquina siempre está descontenta con el recuerdo de sí, porque no es mecánico.

Un hombre número cuatro tiende a desintegrarse en diferentes personalidades. Generalmente, un hombre número cuatro examina las partes y tiene dificultad en percibir el todo.

Es útil recordar que ningún estado es permanente para un hombre número cuatro, ni siquiera el recuerdo de sí. Los estados que no son nuestros preferidos pasan y, desafortunadamente, los que preferimos también. Por esto, los estándares son necesarios, ya que impiden que uno descienda por debajo de ellos.

¿Cómo pueden recordarse las pequeñas metas?

El hombre número cuatro está sujeto al olvido, porque sus centros superiores no están funcionando permanentemente. Cuando Ouspensky escuchó el concepto de recuerdo de sí por primera vez, intentó practicarlo y descubrió, como el resto de nosotros, que no podía recordarse a sí mismo. La mayoría de la gente es incapaz de realizar una observación tan sincera. Si las metas que tenemos están conectadas con el recuerdo de sí, las actividades que desarrollemos no plantearán ningún problema.

Es enormemente difícil para un hombre número cuatro recordarse a sí mismo, aun tan sólo tres segundos después de establecer la pequeña meta de hacerlo, porque la lucha es siempre por el segundo.

El hombre número cuatro debe abandonar el control mecánico para ganar un control consciente. El tiempo es un elemento necesario en este proceso, ya que resulta difícil ver ciertas funciones como mecánicas, cuando nos servimos de ellas. Sin embargo, deben abandonarse los topes, para permitir que emerja el verdadero sí mismo.

Existen cuatro centros de gravedad básicos en las máquinas humanas: el instintivo, el motor, el emocional y el intelectual. Es difícil, para un centro de gravedad, manifestarse como otro lo haría, ya que cada cerebro prefiere existir por sí solo. El centro intelectual no quiere ser emocional, ni el emocional lucha por ser intelectual. Cuando un hombre número cuatro equilibra los cuatro centros, la emocionalidad penetra en la máquina sin importar cuál sea el centro de gravedad. Las emociones auténticas son difíciles de soportar. A pesar de esto, un hombre número cinco debe soportar estados intensos, para que sus centros superiores se desarrollen.

El centro de gravedad, la alquimia y otros factores mecánicos, ¿se vuelven más ilusorios a medida que se evoluciona?
Dejan de ser el foco de atención. La consciencia no es las funciones y el recuerdo de sí se desarrolla con independencia de ellas. Con el tiempo, utilizamos el sentido común y las ventajas que nos proporcionan las funciones.

Cuando se produce un estado emocional elevado aparece un tope de embotamiento. ¿Cómo puede eliminarse esta interrupción?
Para un hombre número cuatro, una experiencia emocional intensa es el resultado de la activación del rey de corazones y los centros superiores. Si existe una sensación de embotamiento quiere decir que ha descendido la parte intelectual del centro emocional y ha ascendido la parte emocional de este centro mediante la expresión negativa de aburrimiento o indiferencia. Proponerse el estudio de las funciones es una gran meta, ya que requiere años verificar la existencia de cada uno de los centros en la máquina. Una vez, un estudiante dijo ser un hombre número cinco. Le dije: «Eso no es recuerdo de sí. Trata de estar presente y deja que

Controlar la mente, no divagar
No dejarse seducir por los recuerdos,
Escuchar
Consideración Externa. , DAR
Interesarse más en lo que nos rodea que en esta
                                    Imaginación

Reconocer lo sublime de lo común
  Donde hay memoria, donde hay atención dividida
Eliminar todo lo que no sea Recuerdo de Sí
La Imaginación, ocupa el lugar de nuestro sí mismo
Atención Dividida , Sufrimiento Voluntario

los números se cuiden por sí solos. Es muy difícil ser un hombre número cuatro». Trata de mantener los estándares.

¿Cómo puede un hombre número cuatro determinar si los esfuerzos que está haciendo son correctos?

El tiempo es un factor para distinguir un esfuerzo correcto de uno incorrecto. No debe esperarse la perfección, ya que transformar fracasos produce la fricción interna necesaria para despertar. También necesitan acumularse diversas experiencias. En la escuela esto es posible, pues las fuerzas superiores diseñan situaciones en las que los estudiantes aprenden a discriminar entre esfuerzos productivos y esfuerzos estériles. Tales situaciones son difíciles de soportar, porque incluyen choques fuertes, para los que muchas veces no estamos preparados. Los choques han de ser alarmantes para que nos despierten, y pueden producir una experiencia eléctrica intensa que impulse al Mundo 12 o al Mundo 6 a salir a la luz.

La desconfianza no es un fenómeno exclusivamente negativo, ya que la parte intelectual del centro emocional debe discriminar para reconocer una acción correcta de una acción incorrecta. Sin embargo, uno no debe dilatarse en la desconfianza, ya que rápidamente puede convertirse en una emoción negativa y uno puede volverse propenso a la paranoia. Debe confiarse en la Influencia C, especialmente cuando las cosas son difíciles.

Lo reconozcan o no, los hombres número cuatro están en una posición desesperada. Una vez que se ha descubierto el concepto del recuerdo de sí, el tiempo está limitado, porque el sistema no es un entretenimiento y rehúye al que es falso. Somos una escuela real. Un hombre número cuatro busca internamente algo que ha olvidado durante el día. Luego, alarmado, se da cuenta de que se ha olvidado de sí mismo. Demos gracias por estar en esencia, ya que es un puente a los centros superiores.

Una de las mayores dificultades en el proceso del despertar, para un hombre número cuatro, consiste en establecer la escala correcta. El trabajo sobre el ser debe continuar en situaciones comunes y corrientes, ya que los grandes choques no se cruzan en nuestro camino tan frecuentemente como las oportunidades de hacer pequeños esfuerzos, los cuales están a nuestro alcance, a diario. No se puede discriminar a menos que se establezca escala y no puede establecerse escala sin transformar el sufrimiento. Una debilidad en cuanto a la escala consiste en que no se sabe cuál, de entre los muchos fragmentos de conocimiento, conlleva la mayor masa; se debe tener cuidado de no considerar que todo el conocimiento está en el mismo nivel. Otra gran debilidad del hombre número cuatro es la incapacidad para establecer relatividad. Una debilidad respecto de la relatividad muestra que no se sabe cuándo aplicar el pensamiento apropiado y relativo a una situación.

Uno tiene que darse cuenta de que no es consistente. Una característica del hombre número cuatro es la inconsistencia, ya que experimentar fluctuaciones es una ley del despertar. Como uno de los mayores enemigos del hombre número cuatro es la inconsistencia, es un inmenso desafío tratar de ser una sola persona. En un día determinado, siete personas se elevan y tres se hunden. Ouspensky decía que la consistencia distingue a un estudiante de otro.

En una cierta escala, la autocompasión es una emoción legítima para el hombre número cuatro, pero Ouspensky decía que los hechos mienten. Hay que asimilar la fricción correctamente para no abandonarse a la autocompasión. Opta por la alternativa correcta y elige el recuerdo de sí en lugar de la autocompasión. Un hombre número cuatro necesita tener cuidado de no per-

214

der energía con el tema de su destino futuro. Haz esfuerzos y acepta los resultados.

Un hombre número cuatro requiere la asistencia de un mayordomo en su trabajo. Un mayordomo emula a los centros superiores y, al mismo tiempo, entiende que está diseñado para servir al amo, un estado sin palabras. Nuestro mayordomo utiliza palabras tales como: «No te fascines con lo que observas» y «Está presente a la música». Frecuentemente, los hombres número cuatro se sienten locamente atraídos por la manipulación de formas externas; la consciencia, sin embargo, no es las funciones.

Un hombre número cuatro es ingenuo con respecto a la escala del propósito que se ha formulado; es increíblemente difícil escapar de la muerte. No obstante, hay una tendencia, en un hombre número cuatro, a considerar que sus esfuerzos son suficientes. La corona de espinas de Jesucristo simboliza que la transformación del sufrimiento es el método por el que nacen los centros superiores. Es arduo persistir más allá de nuestras capacidades; sin embargo, esto es lo que requiere el despertar. Por el contrario, si nuestros esfuerzos son mínimos sobreviene la degeneración.

Encuentro que la parte más difícil del sistema es el trabajo con las emociones negativas. ¿Tú experimentas negatividad aún?

Ouspensky decía que, en la octava del despertar, el recuerdo de sí es el intervalo mi-fa, y transformar el sufrimiento, el intervalo si-do. Es indeciblemente difícil porque no es mecánico. Aún encuentro una dificultad considerable en transformar las emociones negativas, principalmente debido a la violencia del sufrimiento que debo absorber para alzar una escuela y a la humanidad por encima del caos de la inminente guerra de hidrógeno.

El centro de gravedad de un hombre número cinco reside en la transformación de las emociones negativas en positivas. Cuando un hombre número cuatro transforma emociones negativas, experimenta algunas de las cualidades del hombre número cinco. En ciertos momentos, un hombre número cuatro maduro es un hombre número cinco, pero aunque puede experimentar brevemente el ser de un hombre número cinco, no puede mantenerlo. Normalmente, tiene el comportamiento de un hombre número cuatro y, cuando no trata de recordarse a sí mismo, difiere poco de la vida. Si un hombre número cuatro pudiese mantener la no expresión de emociones negativas, no sería un hombre número cuatro, sería un hombre número cinco. Cada hombre número cuatro que entra en el camino recibe lo que necesita.

El recuerdo de sí se ha convertido en un viejo estribillo al que volvemos una y otra vez; la neblina de la imaginación, luego la presencia; neblina, presencia. La disciplina de separarse de la decepción de haberse olvidado de sí mismo es una defensa necesaria para un hombre número cuatro.

Los hombres número uno, dos y tres no se percatan de los planetas o de sí mismos. Ouspensky decía que, en el mundo de los hombres número uno, dos y tres, la voluntad es «el resultado de los deseos». Si se entra en el camino, debe continuarse resistiendo la mecanicidad durante toda la vida y recordar esforzarse por lo correcto: estar presente.

Un hombre número cuatro es un orden diferente de la creación que un hombre número uno, dos o tres. Uno es diferente cuando está recordándose a sí mismo o transformando sufrimiento o no expresando negatividad. A diferencia de los hombres número uno, dos y tres, nosotros tenemos el recuerdo de sí. Los hombres número uno, dos y tres están dormidos en el nombre de Dios. San Pablo escribió: «Entonces también los que durmieron en Cristo perecieron».

Lo que impide al hombre número cuatro seguir evolucionando es el sufrimiento innecesario. Se necesitan grandes choques para recordar que la mayor parte de nuestro sufrimiento es innecesario. Para un hombre número cuatro, no hay otro modo de estar presente sino momento a momento. Agradece lo que puedes cosechar cada día, porque nada es tan dulce como el presente. La atención dividida, cuando puede mantenerse, es todo, y lo demás no tiene sentido.

Está en la naturaleza de un hombre número cuatro distorsionar la realidad, a veces, pero la vida ha distorsionado la realidad casi por completo.

Generalmente, para un hombre número cuatro el recuerdo de sí debe originarse en el centro emocional, porque recordarse a sí mismo es una experiencia emocional. Además, puede controlarse el centro emocional si no se expresa negatividad, pero esto requiere del recuerdo de sí. Es muy difícil para el hombre número cuatro abandonar el sufrimiento innecesario, porque es un tope contra el recuerdo de sí.

Ser un hombre número cuatro es ser un alma en gestación, un alma que está evolucionando. Las fuerzas superiores crean choques extraños, a veces brutales, para generar los centros superiores en los estudiantes; ésta es la naturaleza del despertar, tal como lo hemos recibido, y debemos aceptar a la Influencia C en sus propios términos.

Que la escuela superior comparta su conocimiento con los hombres número cuatro es una tarea de amor a la que todos damos la bienvenida. ¿No son increíbles la armonía y el orden que hemos puesto en nuestras vidas? De la nada, hemos establecido una relación con los dioses. Los momentos de recuerdo de sí, para un hombre número cuatro, son pocos, pero eternos y preciosos.

Es importante que un hombre número cuatro *no* adopte el ritmo de otro hombre número cuatro. Los hombres número cuatro varían en su impulso e intensidad para despertar. Le preguntaron a Aristóteles: «¿Cómo podemos desarrollarnos?». Dijo: «Apremien a los que van adelante y olvídense de los que quedan atrás». Cuando más alto es tu nivel de ser, más cierto es esto: no debes dejar que otros te retrasen. Sin embargo, para avanzar debes también ayudar a los demás. Una vez que has hecho lo posible en ese sentido, debes continuar a tu ritmo. Mientras ayude a tu propósito de despertar, es conveniente que permanezcas en una relación. Cada persona debe decidir por sí misma. Despertar es un proceso tumultuoso y las fuerzas superiores —esté uno casado o soltero— utilizarán a los estudiantes para que se den fricción unos a otros. Una verdadera relación sólo puede tener éxito si ambas personas viven para estar presentes.

Nuestras falsas personalidades pueden tener negatividad con las personas que están más próximas, porque conocen nuestras debilidades. Debemos considerar externamente, al máximo, a las personas que están más cerca de nosotros.

En una verdadera relación, que es un fenómeno relativamente raro, las personas están juntas y, sin embargo, separadas. Es preciso no entrometerse en la soledad del otro, si se trata de un período en el que esta persona necesita estar sola. Es necesario un estado de desapego.

No hay mujer que valga el alma de un hombre y, recíprocamente, no hay hombre que valga el alma de una mujer.

¿Puede un hombre número cuatro experimentar amor?

Sí. Un hombre número cuatro forma parte de los aspectos conscientes del Rayo de la Creación. Su amor es consciente en parte, porque no ama nada tanto como su meta de despertar, lo que a veces lo empuja al tercer estado de consciencia.

No se puede tener consciencia y carecer de voluntad o amor.

Si se carece de uno de ellos, se carece de los otros dos. Una pregunta para formularse es: «¿Qué es lo que tengo?». Tienes tu meta de recordarte a ti mismo, que es tu mayor objetivo. Podemos apreciar la calidad de ser consistente entre nosotros. Si se está despierto, se puede amar; si se está dormido, no se puede amar. La prueba más antigua para el hombre es la mujer y la prueba más antigua para la mujer es el hombre. Debe valorarse el alma por encima de cualquier cosa fuera de uno mismo, aunque el despertar y las relaciones no se excluyen mutuamente. Nuestros topes principales, con frecuencia, tienen que ver con el sexo opuesto. Esta es la razón por la cual los seres conscientes a menudo pierden a sus esposas. La Influencia C los aparta de su mayor identificación. Las relaciones pueden ser una ayuda o un impedimento; depende de cada caso individual. La esencia es muy tierna e infantil. Cada uno de nosotros tiene una relación con cada persona de esta habitación. La última anotación en los *Evangelios según Santo Tomás* habla del tema de la evolución de las mujeres. Pedro dijo a Jesús: «Deja que María Magdalena se aleje de entre nosotros, porque las mujeres no son dignas de la vida» (centros superiores). Jesús dijo: «He aquí que yo la guiaré de manera que la haré hombre (desarrollo de las partes intelectuales de los centros y el Mundo 6 dentro de ella), para que ella también se convierta en espíritu viviente semejante a vosotros los hombres. Porque toda mujer que se convierta en hombre entrará en el Reino de los Cielos». Recíprocamente, cada hombre que se haga mujer (Mundo 12) se volverá consciente.

Es importante para un hombre número cuatro darse cuenta de que existen un círculo interno y un círculo externo. Asegúrate de que otros no estén deteniéndote. Algo que he tratado de enfatizar entre los estudiantes es que no sigan el ritmo de otro y que no sigan un ritmo colectivo. Todos apuestan aquí y hay un solo asunto: «Ser o no ser».

La humanidad se inventó para que unos pocos escaparan y el resto fuera parte de la cadena alimenticia.

Una de las diferencias entre un hombre número cuatro y un hombre número cinco es que un hombre número cinco tiene una aguda percepción de los sonidos y de la actividad de fondo, lo cual es una característica del funcionamiento de los centros superiores. Los centros superiores son para un hombre número cuatro como una tenue luz en la distancia, y algo menos tenues para un hombre número cinco. Un hombre número seis es más humilde y está más doblegado que un hombre número cuatro o cinco.

Todos ustedes hacen muy bien en escucharme solamente. Es la discrepancia entre un hombre número cuatro y un hombre número siete, la discrepancia entre su comprensión y la mía.

¿Cómo puede minimizarse el sentimiento de incertidumbre que invade nuestros momentos de recuerdo de sí?

Esto tampoco es recuerdo de sí. No tienes nada que perder. Cuando viajas a esferas desconocidas, estás sacrificando la ilusión de la realidad. A menudo, la reina de corazones asciende y reduce el recuerdo de sí mediante la identificación con las cosas que nos rodean. Herman Hesse, que no fue un ser consciente, escribió: «A salvo en alguna acostumbrada esfera, nos invade una laxitud. Nuestro espíritu no desea encadenarnos. Valor, corazón mío. Parte, y que te vaya bien». Afortunadamente, yo soy un guía que ha penetrado en la cuarta dimensión y existe dentro de ella. Ustedes me siguen. Recuerden, lo que uno gana, lo ganamos todos.

Un hombre número cuatro necesita tener cautela cuando piensa que posee algo, porque si se compara con un hombre número uno, dos o tres sí posee algo. Tiene un despertar relativo. Pero el despertar relativo no es suficiente; el despertar completo es nuestro objetivo y es un objetivo factible. Yo no haría el esfuerzo de enseñar si esto no fuese posible.

LA ESCUELA

La decisión más importante que uno toma en la vida es entrar en una escuela, y se puede decir que la vida comienza cuando uno encuentra una escuela. En ese momento, el recuerdo de sí comienza a emerger y la mecanicidad a disiparse.

El requerimiento más grande que una escuela le hace a una persona es que sea sincero consigo mismo. Para esto, uno debe sacrificar lo irrelevante.

Mucha gente nos busca, y aunque estemos haciendo todo lo que podemos para ser accesibles, es difícil encontrarnos. El tipo de conocimiento con el que nosotros trabajamos en esta escuela apenas se experimenta en la Tierra, ya que sostiene que la vida de los hombres número uno, dos y tres son tragedias. La vida sin el sistema es una tragedia, porque sin él no *hay* vida.

Nos estamos volviendo inmortales. Los segundos de recuerdo de sí que tenemos pueden ser exiguos, pero nos pertenecen. Los señaladores que utiliza la escuela son una invitación a la inmortalidad. Nunca dudé en usarlos, ya que Ouspensky encontró a Gurdjieff a través de un anuncio en el periódico.

La escuela siempre tiene necesidad de depuración. Ouspensky enseñó *por qué* necesitamos despertar. Nuestra escuela enseña *cómo*, lo que representa la diferencia entre una teoría y una escuela real y práctica.

Ouspensky decía que el deber de una escuela es diseminar su influencia tanto como sea posible. La escuela ha hecho grandes esfuerzos para acoger a estudiantes. Actualmente, tenemos una red de sesenta y cinco centros diseminados sobre la Tierra.

Incluso las metas de la escuela son secundarias con respecto al estar presente, porque nada tiene sentido comparado con el sí mismo. Focaliza sin palabras; trata de no identificarte; deja de lado los acontecimientos; trata de estar presente.

En esta enseñanza, todos somos invitados y no deberíamos pensar en establecer las reglas del despertar.

En el curso de esta vida hemos visto cómo asesinaban a presidentes y papas. Los papas son las células religiosas del cuerpo de la humanidad, mientras que los presidentes son las células políticas. Nuestra escuela representa el alma de la humanidad, su actividad pineal.

¿No es sorprendente con qué poca gente se puede hablar del sistema? Son pocos los interesados en oír acerca de la oportunidad de desarrollar un alma madura, porque creen que ya la poseen. No dice mucho a favor de la humanidad el hecho de que ésta no pueda ver a través de las máscaras relativamente superficiales de las Influencias A y B.

Un aspecto notable de nuestra escuela es que, aunque se desarrolla en la era de la producción en masa, es la más específica en su interpretación del despertar. En medio de los cinco o seis mil millones de personas que hay en la Tierra, hemos dado en el clavo.

Las reuniones son una tercera fuerza en nuestro día. Uno intenta estar presente lo mejor que puede, pero varios sucesos triviales distraen nuestro ser y se vuelven una fuerza contraria. Nuestras energías conjuntas, positivas, son una tercera fuerza en nuestros esfuerzos por estar presentes.

Gurdjieff dijo que las escuelas siempre obtienen algún provecho. No hay ningún suceso que no pueda convertirse en una
ventaja y transformarse, si uno tiene la actitud correcta hacia
la fuerza contraria.

*¿Cómo podemos trabajar con los «yoes» que creen que no
somos capaces de mantener el ritmo de la escuela?*
Epicteto dijo: «El destino guía a aquéllos que lo siguen y arras-
tra a aquéllos que se le resisten». La Influencia C te ayudará
a llevar a cabo tu destino. «Dondequiera que estés, recuérdate
a ti mismo» es una respuesta útil para afrontar tales preguntas. Uno desea ayudar a la escuela y, sin embargo, después
de que ha hecho todo lo que puede, estar presente es la única
forma en que puede ayudar. La Influencia C está más interesada en el recuerdo de sí que en los logros externos.

Nuestra escuela funciona porque los que han entrado en el
camino han cedido su voluntad a una voluntad superior.

Una lucha monumental para despertar tiene lugar diariamente dentro de cada estudiante. Un estudiante de Ouspensky le
dijo que, aunque había estado con él durante quince años,
todavía no había experimentado el recuerdo de sí. Ouspensky
le respondió: «¿Has estado realmente trabajando durante
quince años o has estado solamente ocupando un lugar aquí?»

Aunque la escuela cuida de los estudiantes, es cierto que los
estudiantes deben hacerse cargo de la escuela. Es necesario
trabajar por una meta mayor que uno mismo, a través de la
vida, para ayudar a los aspectos conscientes del Rayo de la
Creación.

Hay muchos senderos hacia la verdad. Cuando revemos la
historia, podemos ver escuelas con muchas formas. A medida
que uno comienza a despertar, es su deber ayudar a otros, al
igual que uno ha sido ayudado. Ninguna escuela en la historia

ha enfatizado el recuerdo de sí en la medida en que nosotros lo hemos hecho. Hasta este siglo, las expresiones «recuerdo de sí» o «recuérdate a ti mismo» eran desconocidas. Gurdjieff, Ouspensky y Collin son seres conscientes que no llegaron a crear escuelas, a causa de la guerra y de la inestabilidad política; nosotros hemos creado una escuela con la que se puede entrar en el camino para llegar a ser consciente.

Una escuela está diseñada para personas que pueden cristalizar correctamente. La facultad de razonamiento es defectuosa en los que son incapaces de entrar en el camino, porque una mente defectuosa hará de la verdad una mentira y de la mentira una verdad. Licurgo, el legislador del siglo IX a.C., dijo: «Cuando la furia de los dioses cae sobre el hombre, en primer lugar anula la comprensión en su mente y hace que el mejor juicio parezca el peor, de manera que no pueda saber cuándo yerra».

Nuestra escuela producirá siete seres conscientes. «Apolo» no alcanzará su cima hasta dentro de siglos o milenios. Nuestra escuela es una de las más grandes en los anales de la historia y por eso el sufrimiento es tan abundante.

No debe mantenerse la misma relación hacia las ideas de la escuela, sino seguir el ritmo del nuevo conocimiento y el nuevo ser que crea la escuela. Una enseñanza consciente se transforma muchas veces a lo largo de su historia.

¿Una escuela puede fracasar si el esfuerzo conjunto no es suficiente?

Las escuelas están diseñadas para traspasar los intervalos, no para caer en ellos.

Si la gente comprendiera mejor las metas de la escuela, ¿comprenderían mejor los esfuerzos?

224

Sí, algunas personas comprenden las necesidades de la escuela ahora, mientras que otras se darán cuenta de ellas dentro de dos años y otras, dentro de diez años.

Una escuela no puede existir sin fricción. ¿No es extraordinario cuán simple es la verdad? Viniendo de la vida estamos acostumbrados a escuchar mentiras, pero la verdad es simple y profunda. Uno se vuelve muy agradecido por todo el sufrimiento que las personas experimentan dentro de la escuela, porque hacen lo mejor que pueden para transformarlo en consciencia. La transformación del sufrimiento lo ennoblece todo.

Eventualmente, uno enseña convirtiéndose en las palabras que pronuncia. La escuela y el sistema sólo pueden ser efectivos, si se está preparado para trascenderlos. La identificación con el sistema es uno de los últimos obstáculos que las fuerzas superiores eliminan en uno, porque si el sistema se recibe correctamente, no permite la identificación.

Darles fotografías a otros, en las áreas en que también nosotros somos débiles, ejerce presión sobre nosotros para que controlemos esos mismos rasgos. Muchos estudiantes que creen ser material de escuela, no lo son, y al final se convierten en ex estudiantes. Se espera que uno controle sus rasgos después de haberlos observado por cierto período de tiempo. Si uno no puede controlarlos, las fuerzas superiores lo dejan salir.

Si el recuerdo de sí te hace feliz, entonces has encontrado el lugar correcto. Lo único que a todos nos gusta en la escuela es el recuerdo de sí.

Cuando una está en la escuela, ¿está bajo la ley del destino?

Los hombres número uno, dos y tres están dormidos y condenados a la recurrencia eterna. Ouspensky decía que la escuela es para personas que saben demasiado. El hombre número cuatro está conectado con la Influencia C y, en última instancia, está destinado a llegar a ser consciente. Sabemos con seguridad que el hombre está dormido, que la vida después de la muerte es una realidad y que la Influencia C está ayudándonos.

¿Cómo puede uno seguir siendo práctico cuando está experimentando lo místico?

No hay vida más práctica que experimentar estados místicos; son el fruto de nuestros esfuerzos diarios. Cuando estés presente, deja que el estado circule a través de todo tu ser.

Lo cierto es que tenemos esta vida y que la Influencia C existe. Nuestros padres actuarán sus papeles otra vez, pero nosotros representaremos papeles más difíciles hasta que lleguemos a nuestra novena y última vida y cuando nos «hayamos librado del torbellino de la vida». Nuestros papeles permanecerán, pero diferentes actores los desempeñarán.

En una escuela existen un círculo interno y un círculo externo. Las personas que encuentran la escuela comienzan, naturalmente, en el círculo externo. Penetran en el círculo interno sólo por la magia de desear estar allí. El círculo interno no es un lugar. Está primordialmente basado en la valoración superior de uno mismo y de la escuela. Pero uno no puede comprender totalmente el sistema en uno o dos años y, mientras se pueda respirar, estará aprendiéndose de él.

Es verdad que una escuela avanza al paso de los estudiantes más rápidos y es también una ley que lo más alto debe servir a lo más bajo.

Los estudiantes más rápidos son lentos, y aun así, su valoración es grande. Ouspensky reparó en lo siguiente: debemos recordar que estamos embarcados en un largo viaje y que una escuela no es para gente irresponsable. Es una experiencia maravillosa trabajar con gente que no necesita ser convencida de la necesidad de recordarse a sí misma y de transformar el sufrimiento.

Un estudiante más nuevo puede hablar con otro más antiguo en lo concerniente a las reglas, las metas y los ejercicios de la escuela, y uno debe hacer lo mejor que pueda para seguirlos. Siempre se sacará el mayor provecho, si se dominan los ejercicios que menos gustan. Hay que definir algunas áreas y otras no, porque no es necesariamente útil definir todas las situaciones en detalle, pues la escuela se volvería formatoria. Si la escuela siempre tiene sentido, fallará; en la medida que no tenga sentido, tendra éxito. En los últimos años, Goethe decía que uno se vuelve inevitablemente reacio a dar consejos, porque ha visto fallar las iniciativas juiciosas y tener éxito las más absurdas. La escuela, en algunos aspectos, es una empresa absurda que está teniendo éxito. Y aunque es ilógica y blanco de burlas para algunos, su carácter divino permanece inalterado y es, para aquéllos que comprenden su naturaleza, una bendición. Recuerda que la Influencia C es una influencia celestial, no terrestre.

El círculo externo comprende menos la necesidad de trabajar que el círculo interno. Hay muchas cosas que yo no puedo explicar, porque no hay tiempo de explicarlo todo. También sé que no tengo que explicar la mayoría de las cosas a los estudiantes del círculo interno, porque ellos tienen su propia relación de trabajo con la Influencia C e intentan recordarse a sí mismos. No podría haber una escuela si uno tuviera que explicarlo todo, si no hubiera círculo interno. El círculo interno debe tener su ocupación y su ocupación es volverse más responsable. Estos estudiantes se comprenden a sí mismos y avanzan explicando el sistema.

¿Cómo puede uno reconocer si está en el círculo interno o en el círculo externo de la escuela?

El requerimiento primordial para entrar en el círculo interno es la decisión de estar allí. En ese aspecto, hay justicia. Para avanzar hacia el círculo interno, debe transformarse el sufrimiento. Ouspensky decía que el Cuarto Camino tiene la ventaja maravillosa de ser un sistema experimentado y, por ser antiguo, las técnicas son simples y efectivas. Uno avanza en relación con su propia habilidad para eliminar ilusiones, lo cual es necesario, ya que la muerte nos reduce a un estado sin ilusiones. Si uno puede realmente percibir la naturaleza milagrosa de la escuela, está casi en el círculo interno o aproximándose a él. Además, una persona que entra en el camino ha ubicado todas las cosas de valor en su vida en un segundo lugar con respecto a su propósito de despertar. Todos los que entran en el camino son parte del círculo interno.

Debe recordarse que muchos son llamados, pero pocos los elegidos. Uno está destinado a entrar en el camino o no lo está. Aunque nos apoyamos unos a los otros, la enseñanza está diseñada para infundir fuerza en cada estudiante a nivel individual. La gente debe aprender a bastarse por sí sola, porque la muerte es una experiencia singular.

Ser una persona agradable no es suficiente; uno debe tener suerte también; Ouspensky lo consideró el factor más importante en el despertar. Perder una escuela marca la última calamidad en la vida. No quiero compartir mi energía con la gente que está yéndose. Prefiero compartir mi energía con los que quieren estar aquí. Así como un cónyuge puede crecer más que el otro, así la escuela crece más que algunos de sus estudiantes.

Los que dejan la escuela, ¿hacen que se fortalezcan los estudiantes que quedan?

Sí. No me sorprende que tantos la hayan dejado sino que tantos permanezcan, cuando se considera lo elevado del precio. Recuerda que buscas la inmortalidad y difícilmente podrás pagar lo suficiente.

La escuela funciona. Está produciendo consciencia en sus participantes. Tenemos que trabajar entre dieciséis y dieciocho horas al día para lograrlo. Lo que una persona gana dentro de la escuela todos lo ganan. Cuanto más grande es la voluntad del maestro, mayor es la voluntad del estudiante. Todas éstas son leyes para los que están en una escuela consciente.

No importa si una enseñanza consciente aparece en Oriente o en Occidente, mientras sea una enseñanza consciente. Finalmente, uno se da cuenta de que la verdad no se puede decir, porque no es una palabra. Esto explica el uso mínimo de palabras por parte de los maestros.

Es imperativo desarrollar una actitud apropiada hacia el maestro, porque el maestro es el puente entre la escuela en la Tierra y la escuela superior. Cuanto más trabaja un maestro con las leyes necesarias, mayores son las oportunidades de cada persona para crear un alma. Uno debe aprender a usar bien a un maestro y evitar usarlo mal. Para tener una actitud correcta hacia el maestro, se necesita desarrollar una actitud apropiada para cada momento. Además, es necesario cultivar el respeto hacia uno mismo, otros estudiantes y maestros en la escuela.

A medida que trabajamos más eficientemente, equilibramos las tres líneas de trabajo: el trabajo para uno mismo, el trabajo para los demás y el trabajo para la escuela. Necesitamos observar nuestra relación con las tres líneas de trabajo periódicamente, para asegurarnos de que nuestra posición está relativamente equilibrada, no perfectamente equilibrada. El despertar es indirecto y las variables del sistema son con frecuencia tan invisibles y numerosas que uno no puede registrarlas apropiadamente, lo cual es una suerte. Es necesario equilibrar las tres líneas de trabajo para asegurarnos cierta protección. Cuando alguien encuentra un sistema, se espera que trabaje primordialmente en la primera línea de trabajo. Trabajar por uno mismo puede consistir en intentar escuchar, lo cual es una meta muy grande, ya que la máquina se distrae muy fácilmente tratando de ser la fuerza activa.

Hay tantas octavas con las cuales involucrarse en la escuela y todas tienen su lugar, pero nada puede compararse con el recuerdo de sí. Si estamos trabajando correctamente, podemos traer el recuerdo de sí a esas octavas. Este es el significado de trabajar en la vida. Cuán absurdo es pensar en otra cosa que no sea el recuerdo de sí, a menos que sea una tercera línea de trabajo productiva. De todas maneras, identificarse con la tercera línea de trabajo es solamente una forma superior de sueño.

Si se le dedica demasiado tiempo y energía a la primera línea de trabajo, a expensas de las otras dos, el trabajo se vuelve egoísta. En un orden correcto, la primera línea de trabajo conduce a la segunda y la tercera líneas, porque el estudio personal le enseña a uno a compartir con otros.

El deber de una escuela es diseminar el conocimiento esotérico, porque no hay mayor regalo que dar a los demás el conocimiento de sí mismos. Hay ciertas cosas que uno sólo puede aprender enseñando; la segunda línea está diseñada de manera que los estudiantes en la escuela tengan la oportunidad de enseñar. Distintas culturas están echando raíces aquí, afirmándose. Es nuestro deber no sólo recordarnos a nosotros mismos sino también transferir a la escuela lo que aprendemos. El recuerdo de sí es primera línea; transmitirlo es tercera línea.

Es correcto para los nuevos estudiantes pensar principalmente en la primera línea. Después de que uno asimila el sistema, puede compartirlo con otros estudiantes. Si se está trabajando en el nivel más alto, la tercera línea de trabajo incluye siempre la primera línea, pues el recuerdo de sí siempre debe acompañar nuestros actos.

La evolución está directamente relacionada con la habilidad para restringir el pensamiento subjetivo. El conocimiento objetivo no es particular, aunque su verificación lo sea. Los fragmentos de conocimiento objetivo no son opiniones, son hechos. El conocimiento objetivo es matemático, ya que si el conocimiento no puede ser matemático, sólo puede ser una verdad relativa. El conocimiento no puede ser un sustituto para el recuerdo de sí.

Cuanto más tiempo está uno en la escuela, más se espera de uno. La capacidad de contribuir con la tercera línea de trabajo aumenta. Cuando encontramos la escuela, la tercera línea es la más débil, lo cual es correcto. Se supone que tenemos que recibir apoyo de otros, como un niño es alimentado cuando viene al mundo. Después podemos compartir información con los compañeros estudiantes, lo cual es segunda línea de trabajo. La tercera línea comienza aún más tarde, a medida que uno empieza a contribuir con la escuela. La cantidad de tercera línea de trabajo que se nos pide aumenta constantemente.

La segunda y la tercera líneas de trabajo siempre deben incluir la primera línea, o sea, el recuerdo de sí. Si uno está trabajando con otro estudiante, debe continuar intentando estar presente. La mente formatoria asume que se deja a un costado la primera línea de trabajo, cuando pasa a la segunda.

¿Qué significa la sinceridad para Gurdjieff?

Ser realmente sincero es valorar el recuerdo de sí por encima de todo, y estar agradecido por la ayuda de las fuerzas exteriores. Ouspensky decía que el sistema siempre tiene necesidad de refinamiento. Nuestra escuela ha refinado el sistema, concentrándose en la idea del recuerdo de sí y no perdiéndose entre las muchas ideas que el sistema nos ofrece. Menos es más.

El crecimiento de nuestra escuela siempre ha sido lento, lo cual es saludable. No creo que la escuela pueda admitir a un gran número de personas, de golpe, pues se volvería muy diferente de lo que hemos experimentado. Somos tortugas. A menudo todo lo que podemos hacer por la escuela es estar presentes y tener paciencia. Aunque vivimos en una era de gratificación inmediata, nosotros no vamos en pos de resultados rápidos.

La vanidad cree que algunas personas no son tan dignas de respeto como otras. Nosotros somos una gran escuela y es difícil conocer los nombres de todo el mundo. Una manera de sobrepasar esta limitación es respetar a cualquiera que encontremos. Aunque estamos en vidas diferentes, tenemos el mismo regalo y somos parte de la familia de la Influencia C. Ellos nos aman a todos; tratemos de hacer lo mismo.

Envejeceremos juntos, y comprenderás la obra completa de tu vida en la escuela sólo al final de tu existencia. Unicamente la tragedia de este siglo podría extraer, de las fuerzas superiores, una escuela.

Las escuelas no son para el despertar parcial. Debe recordarse que la escuela existe para producir los centros superiores; trata de desear eso más que cualquier otra cosa. Tiempo atrás dije que uno tiene que entregarlo todo y hacer esfuerzos consistentes a lo largo de toda la vida.

A causa de que la escuela ha ido, en cierta medida, más allá del sistema, introducimos a los grandes pensadores de la antigüedad en nuestras reuniones, ya que sus enseñanzas pueden contribuir a la emocionalidad del conocimiento del trabajo. William Shakespeare dijo: «...Y esto sobre todo: sé fiel a ti mismo». ¿Cómo puede ser que una afirmación tan vital esté ausente de nuestra vida?

Hemos aceptado la escuela con la forma que nos ha llegado. El sistema tiene defectos, pero no podemos criticarlo, porque funciona. Habrá siempre años difíciles, algunos más que otros. Yo no pienso en el año que viene o en el año pasado. Al vivir en el pasado o anticipar el futuro, uno se desvía del presente, y en el presente están las oportunidades.

Mis queridos amigos, ustedes están en una situación crítica. Vivimos en un universo brutal, donde las almas son conducidas interminablemente de un recipiente a otro. Los dioses han entrado en tu vida, para permitirte escapar de este círculo vicioso. La inmortalidad está al alcance de tu mano. Aférrate firmemente a tu meta de despertar y no te distraigas con nada. No estás solo; recuerda que te amo, ahora y para siempre.

Robert

GLOSARIO

E l presente glosario está compuesto por una serie de breves descripciones de los significados específicos que ciertos términos han adquirido en la enseñanza de Robert Burton. Puede encontrarse una descripción más completa de la mayoría de ellos en los libros de Ouspensky: *En busca de lo milagroso, El Cuarto Camino* y *La psicología de la posible evolución del hombre*. Se ha puesto especial atención en los casos en que el énfasis de Robert Burton difiere ligeramente del de Ouspensky. Se aconseja a los lectores que estén familiarizados con la terminología de *El Cuarto Camino* que consideren las entradas del presente glosario más como *addenda* a las explicaciones de Ouspensky que como descripciones completas en sí mismas. Asimismo, esperamos facilitar la suficiente información para permitir que los que no estén familiarizados con *El Cuarto Camino* comprendan las ideas de Robert Burton.

ABSOLUTO, EL. La totalidad de lo que existe o pudiera existir en todos los niveles, en todos los mundos y en todos los tiempos; más específicamente, la consciencia y comprensión que existen en dicho nivel y que, por lo tanto, incluye la inteligencia más elevada.

ACCIDENTE. Aquello que acontece a una persona y que no es ni resultado de sus actos anteriores ni resultado directo de una intención consciente.

ACCIDENTE, LEY DE. Influencia del ACCIDENTE en una persona, en contraste con otras influencias, como la de causa y efecto, la del destino y la de la voluntad consciente.

ACUMULADORES. Depósitos de energía en la MÁQUINA humana. Cada CENTRO dispone de dos acumuladores que le suministran energía alternativamente. Se recargan mediante un único acumulador de mayor tamaño o acumulador principal.

ALQUIMIA. (1) Grado de refinamiento de una IMPRESIÓN; calidad de la energía asociada con una impresión. (2) Característica de la ESENCIA en lo referente a la sensibilidad para percibir el refinamiento de las impresiones. En general, las impresiones más refinadas reflejan una energía más elevada, más consciente; poseen mayor armonía, belleza y orden. Los metales alquímicos plomo, cobre, plata y oro se refieren a cuatro niveles de alquimia. El proceso de transformar el plomo en oro equivale a transformar las impresiones más burdas en otras más refinadas; puede realizarse externamente, en relación con nuestro entorno, con nuestras acciones; internamente, desarrollando la sensibilidad hacia las impresiones que están en nuestra esencia; y, psicológicamente, ESTANDO PRESENTE a las impresiones, de modo de vivirlas de una forma más completa.

AMO. CENTROS SUPERIORES, especialmente desde la perspectiva de su habilidad para observar y dirigir los CENTROS INFERIORES.

APOLO (APOLLO). Sede central y principal centro de enseñanza de la Fraternidad de Amigos, en las faldas de la Sierra Nevada, en California (EE.UU.). Algunos miembros viven allí; muchos otros van de visita los fines de semana o durante las vacaciones. Todos participan de la vida cultural de "Apolo", así como de su conservación, construcción y funcionamiento. (Hasta mediados de 1994, recibía el nombre de "Renacimiento". N. del T.).

AUTOOBSERVACIÓN. Práctica de percibir simultáneamente nuestras funciones internas a la vez que nuestras acciones y el medio que nos rodea; aspecto del recuerdo de sí que incluye darse cuenta de las manifestaciones de la propia máquina.

BUEN AMO DE CASA. Persona que valora las cosas con arreglo a su justa valía; asimismo, los valores que poseen dichas personas. En especial, los buenos amos de casa realizan esfuerzos por cuidar de sí mismos, sus posesiones, su entorno y sus relaciones con los demás.

CAMINO, EL. El sendero del despertar que se encuentra en una escuela. Estar "en el camino" implica que una persona ha establecido un compromiso con el despertar —el cual está por encima de otros aspectos de la vida— y tiene una comprensión de las principales ideas del SISTEMA.

CAMINO DE LA NEGACIÓN. Enseñanza en la cual los estudiantes deben comenzar por abandonar IDENTIFICACIONES, con el fin de poder dejar espacio a estados más elevados. El maestro, con frecuencia, administra choques relativamente severos para atacar la FALSA PERSONALIDAD del estudiante.

CAMINO DEL AMOR. Enseñanza en la cual el maestro utiliza métodos relativamente suaves para alentar y apoyar los esfuerzos de sus estudiantes. El énfasis se pone en desarrollar nuevas capacidades que, en última instancia, sustituyan los viejos esquemas de comportamiento, más que en destruir directamente dichos esquemas.

CENTRO DE GRAVEDAD. Inclinación de la ESENCIA a relacionarse con el mundo, sobre la base de ciertas actividades predominantes que caracterizan un CENTRO determinado. Por lo general, la gente prefiere su centro de gravedad a otras partes de la MÁQUINA, le da mayor prioridad a sus necesidades y tiende a reaccionar según su punto de vista, aunque sea o no apropiado con las circunstancias.

CENTRO EMOCIONAL. La inteligencia de una MÁQUINA humana, que se expresa como sentimientos y emociones.

CENTRO INSTINTIVO. Inteligencia de la MÁQUINA humana, que controla o se manifiesta como funciones instintivas, tales como la actividad de los sentidos, la intuición, el crecimiento del cuerpo, la distribución de energía en el cuerpo, etcétera.

CENTRO INTELECTUAL. Inteligencia de la MÁQUINA humana, que se manifiesta como pensamiento y razón.

CENTRO MAGNÉTICO. Parte de la personalidad de una persona que se ve atraída por INFLUENCIAS que, finalmente, la conducen a buscar una escuela del despertar y la INFLUENCIA C.

CENTRO MOTOR. Inteligencia de una MÁQUINA humana, que la orienta en el espacio y dirige sus movimientos exteriores.

CENTRO SEXUAL. Fuente de energía superior (hidrógeno 12) en la MÁQUINA humana. Debido a que la energía del centro sexual se manifiesta a través de los otros centros, el centro sexual sólo puede observarse directamente en estados superiores de consciencia.

CENTROS. Las distintas inteligencias o cerebros independientes que existen en un ser humano. Cuatro de ellos se encuentran en toda persona: el centro instintivo, el centro motor, el centro emocional y el centro intelectual. Cada uno de estos centros se subdivide además en una parte instintiva, una motriz, una emocional y otra intelectual. Dichas partes se diferencian por el tipo de atención que manifiestan. Las partes intelectuales se caracterizan por un esfuerzo intencional para dirigir y mantener la atención. Las partes emocionales funcionan cuando la atención es atraída y mantenida por algo. Las partes motrices e instintivas funcionan automáticamente, sin atención, y a veces son mencionadas conjuntamente como la parte mecánica de un centro. Esta división puede realizarse de nuevo, para así obtener las partes instintiva, motriz, emocional e intelectual de cada parte.

Los centros y sus partes correspondientes, además, se dividen en una mitad positiva y otra negativa. La mitad positiva afirma y nos conduce hacia las cosas que parecen beneficiosas para esa parte del centro. La mitad negativa niega y nos aparta de las cosas que parecen perjudiciales para esa parte del centro.

Todo esto está representado en los naipes. Cada palo representa un centro: los tréboles, el centro instintivo; los picos, el centro motriz; los corazones, el centro emocional, y los diamantes, el centro intelectual. Las figuras representan las distintas partes: las sotas, las partes mecánicas; las reinas, las partes emocionales; y los reyes, las partes intelectuales. Las cartas numeradas representan las partes de las partes: ocho, nueve y diez son la parte mecánica, emocional e intelectual del rey; cinco, seis y siete representan las partes correspondientes de la reina; y dos, tres y cuatro, las partes de la sota. El as representa el centro como una unidad.

Además de los cuatro centros inferiores mencionados, se encuentran el CENTRO SEXUAL, que es una fuente de energía más elevada, que puede utilizarse para la procreación, la expresión artística y el despertar, y dos CENTROS SUPERIORES: el centro emocional superior y el centro intelectual superior. Los dos centros superiores existen con independencia de la máquina y se manifiestan en estados superiores de consciencia. Pueden considerarse como las funciones del alma.

CENTROS INFERIORES. Los centros instintivo, motriz, emocional e intelectual y, a veces, también el CENTRO SEXUAL.

CENTROS SUPERIORES. Los centros emocional superior e intelectual superior. El centro emocional superior tiene la capacidad de percibir la conexión de todas las cosas y es la sede del amor consciente y de la compasión. El centro intelectual superior percibe las leyes que gobiernan todas las cosas y es la sede de la sabiduría consciente.

CINTAS. Respuestas preexistentes y automáticas a estímulos, especialmente aquéllas que se manifiestan como "yoes" en el CENTRO INTELECTUAL.

CÍRCULO INTERNO. Personas pertenecientes a una escuela de despertar que comparten un NIVEL DE SER y de comprensión superior, y que trabajan en pos de un objetivo común.

CODICIA. RASGO que se caracteriza por una valorización exagerada de las cosas externas. Tiene como resultado el deseo de acumular y poseer cosas que otros consideran valiosas, como medio de afirmar la propia valía.

COLLIN, RODNEY. Estudiante de Ouspensky, que fundó una escuela en México, tras la muerte de aquél, y enseñó en Latinoamérica hasta su fallecimiento, en 1956. Sus libros, especialmente *El desarrollo de la luz*, han tenido una influencia significativa en las enseñanzas de Robert Burton.

CONSCIENCIA. Capacidad de utilizar la atención para percibir. La consciencia puede medirse en términos de qué se percibe, durante cuánto tiempo se percibe y cuán profunda es.

CONSIDERACIÓN EXTERNA. Práctica de considerar nuestra relación con los demás desde un punto de vista que confiere la misma importancia a nosotros y a los demás, y es externa a uno mismo en este sentido. En concreto, a veces se refiere al hecho de que cuando se practica la consideración externa, normalmente se tiene más consideración con los demás.

CONSIDERACIÓN INTERNA. La consideración de nuestra relación con los demás desde un punto de vista que nos sitúa en el centro y considera a los demás tan sólo en relación con dicho centro. La consideración interna nos lleva a preocuparnos en exceso por la manera en que nos consideran los demás y sus reacciones, y produce en ocasiones un estado de incapacidad, con miedo y confusión.

CRISTALIZACIÓN. Proceso mediante el cual las características psicológicas se hacen fijas y permanentes. En concreto, la cristalización errónea se refiere a alguien cuyas pautas mecánicas han quedado fijadas de manera que son incompatibles con el despertar, mientras que la cristalización buena o correcta se refiere a alguien que ha conseguido que los CENTROS SUPERIORES sean permanentes dentro de sí.

CUARTO CAMINO. La senda de despertar practicada por G. I. Gurdjieff, P. D. Ouspensky y sus seguidores, incluido Robert Burton.

CUATRO CENTROS INFERIORES. Los centros instintivo, motor, emocional e intelectual.

CUENTAS, TENER. Hábito, centrado en la SOTA y la REINA DE CORAZONES, de recordar el daño real o imaginario y de permitir que nuestras reacciones hacia los demás se vean afectadas por ello.

CUERPO ASTRAL. El primer cuerpo metafísico que puede crear una persona. Es capaz de existir con independencia del cuerpo físico.

CHOQUES. En general, cualquier cosa que ocurra en el intervalo de una OCTAVA y que hace que la octava continúe, con o sin desviación; en particular, sucesos que interrumpen el estado usual de una persona.

CHOQUE CONSCIENTE, PRIMER. El recuerdo de sí, especialmente en lo que se refiere a ESTAR PRESENTE, a las IMPRESIONES y su transformación. El término procede de "los diagramas de alimentos" de *En busca de lo milagroso* y *El Cuarto Camino*, donde este esfuerzo se describe como el CHOQUE necesario para comenzar la digestión de IMPRESIONES.

CHOQUE CONSCIENTE, SEGUNDO. Esfuerzo mediante el cual las EMOCIONES NEGATIVAS se transforman en emociones positivas; la TRANSFORMACIÓN DEL SUFRIMIENTO. El término procede de "los diagramas de alimentos" de *En busca de lo milagroso* y *El Cuarto Camino*, donde este esfuerzo se describe como el CHOQUE que transforma el INTERVALO MI-FA en la octava de la digestión de IMPRESIONES y el INTERVALO SI-DO en la octava de la digestión de la comida.

DIVISIÓN DE LA ATENCIÓN. Esfuerzo intencional para percibir dos o más cosas simultáneamente, en contraste con la IDENTIFICACIÓN, donde la atención se concentra en una sola cosa. En concreto, la división de la atención a menudo se refiere al recuerdo de sí, como el esfuerzo de percibir simultáneamente lo que nos rodea y a nosotros mismos dentro de lo que nos rodea.

DOMINACIÓN FEMENINA. Ver DOMINIO FEMENINO.

DOMINANCIA FEMENINA. Ver DOMINIO FEMENINO.

DOMINIO. Rasgo para el cual el orden y el control son el interés principal. Se manifiesta exteriormente como la habilidad para organizar y dirigir a los demás; si se dirige interiormente, hace que la persona parezca reservada, con autocontrol y lenta al actuar.

DOMINIO FEMENINO. DOMINACIÓN FEMENINA. DOMINANCIA FEMENINA. Actitudes en gran parte inadvertidas, fundamentalmente sobre cómo deben de ser las cosas, que causan que la gente se sienta obligada a actuar de una forma socialmente aceptable. Se llama femenino en el sentido de que un niño, normalmente, lo adquiere de su madre durante el proceso de aprendizaje del comportamiento aceptable. Entre los ejemplos de actitudes que constituyen el dominio femenino, se encuentran el sentirse obligado hacia los demás, las expectativas sobre el comportamiento de los demás en relación con nosotros y la convicción de que el mundo es básicamente justo y que se nos debe tratar con justicia.

EJERCICIO DE ESCUCHAR. Práctica de poner la atención en los sonidos que se producen a nuestro alrededor, como medio de ESTAR PRESENTE y DIVIDIR LA ATENCIÓN.

EJERCICIO DE MIRAR. Práctica de cambiar la atención de una IMPRESIÓN a otra, cada tres segundos aproximadamente, utilizando el tiempo suficiente para tomar la impresión, pero cambiando el foco de la atención antes de que la IMAGINACIÓN o la IDENTIFICACIÓN aparezcan.

EMOCIONES NEGATIVAS. Emociones tales como la ira, los celos, la indignación, la autocompasión y el aburrimiento, que tienen un carácter negativo. Son los principales TOPES utilizados por los RASGOS y la FALSA PERSO-

NALIDAD para impedir que una persona vea y acepte su situación objetivamente. Ya que las emociones negativas están siempre basadas en la IMAGINACIÓN y en la IDENTIFICACIÓN, es posible eliminarlas mediante un largo y duro trabajo sobre sí mismo; la enseñanza de Robert Burton pone especial énfasis en este punto.

ENSEÑANZA CONSCIENTE. Enseñanza dirigida por un SER CONSCIENTE.

ESCALA. Habilidad de ver un suceso o una experiencia desde perspectivas mayores y menores. Es especialmente útil para combatir la IDENTIFICACIÓN. Por ejemplo, una persona enfrentada con la perspectiva de un encuentro difícil podría enfocar su atención en el entorno inmediato (en el cual dicho encuentro aún no ha ocurrido) o intentar ver la situación en términos de todo un año, con lo cual se volvería insignificante. Los CENTROS SUPERIORES permiten a una persona aplicar escala, porque experimentan la vida desde la perspectiva de mundos superiores, en comparación con los cuales nuestra vida ordinaria puede contemplarse como una ilusión.

ESCUELA SUPERIOR. Alusión a la idea de que aun después de dejar el cuerpo físico, los seres conscientes continúan evolucionando, guiados por seres todavía superiores.

ESENCIA. Cualidades de la MÁQUINA humana que son inherentes al nacer, tales como características físicas, TIPO DE CUERPO, CENTRO DE GRAVEDAD y ALQUIMIA. La mayoría de las personas sólo desarrollan la esencia durante los primeros seis o siete años de su vida; posteriormente se ve cubierta en su mayor parte por la FALSA PERSONALIDAD. En consecuencia, las experiencias de la esencia vienen acompañadas de una sensación de libertad y alegría infantil. Sin embargo, en el camino del despertar que enseña Robert Burton, la esencia tiene que educarse y desarrollarse por encima de ese estado infantil.

ESTAR PRESENTE. Práctica de dirigir la atención hacia nuestro entorno inmediato, tanto externo como interno, sin IMAGINACIÓN ni IDENTIFICACIÓN.

FACULTAD REGENTE. En general, el entendimiento más alto que un hombre tiene de sus actos y las consecuencias de éstos; más específicamente, los CENTROS SUPERIORES desde el punto de vista de su habilidad para guiar las manifestaciones de la MÁQUINA. De ahí que también se lo denomine "guía interno" (N. del T.).

FALSA PERSONALIDAD. El cuadro imaginario que una persona tiene de sí misma, junto con todos los mecanismos psicológicos que son necesarios para proyectar ese cuadro. Se desarrolla durante la infancia, como una respuesta a la presión de recibir la aprobación de los adultos y de comportarse en una forma socialmente aceptada, pero pronto sobrepa-

241

sa su papel original de proteger la ESENCIA y adquiere vida propia. Al final, domina por completo la vida de la mayoría de las personas, tejiendo una red de actitudes y de esquemas de comportamiento que son contrarios a la verdadera naturaleza de su esencia.

FOTOGRAFÍA. Observación del estado o comportamiento de uno mismo o de otra persona; asimismo, FOTOGRAFIAR. Acción de dirigir la atención de alguien hacia su estado o comportamiento.

FRICCIÓN. En general, lucha interna entre la parte de una persona que quiere despertar y los moldes mecánicos de comportamiento que interfieren con dicha meta. Más específicamente, fricción se refiere a los acontecimientos externos que precipitan esa lucha, especialmente cuando hay sufrimiento involucrado.

FUERZA ACTIVA. Primera fuerza, o sea, la que inicia un cambio o una acción.

FUERZA CONTRARIA. SEGUNDA FUERZA, contemplada desde el punto de vista de lo que se opone u ofrece resistencia a la PRIMERA FUERZA.

FUERZA NEUTRALIZANTE. TERCERA FUERZA, con énfasis sobre su papel de resolver la tensión entre la PRIMERA y la SEGUNDA FUERZAS.

FUERZA PASIVA. SEGUNDA FUERZA, contemplada desde el punto de vista de aquello sobre lo cual actúa la PRIMERA FUERZA.

FUERZAS, TRES. Los tres elementos o energías que han de estar presentes antes de que cualquier cambio de acción real pueda ocurrir. La primera fuerza, o fuerza activa, inicia la acción. La segunda fuerza, también llamada pasiva o contraria, de alguna manera opone resistencia a la primera fuerza; por ejemplo, puede ser aquello sobre lo que se actúa. La presencia de la tercera fuerza, o fuerza neutralizante, permite que se resuelvan la oposición entre las dos primeras fuerzas. A veces se contempla como el medio en el que actúan las otras dos fuerzas y a veces como un factor o una influencia adicional. Las tres fuerzas, en conjunto, reciben el nombre de tríada; antes de que sea posible lograr el resultado deseado, debe encontrarse la tríada correcta o coordinación de fuerzas.

FUNCIONAMIENTO CORRECTO DE LOS CENTROS. Condición en la cual cada centro y cada parte de cada centro responde sólo a los estímulos que le son apropiados, en contraste con el FUNCIONAMIENTO INCORRECTO DE LOS CENTROS.

FUNCIONAMIENTO INCORRECTO DE LOS CENTROS. Condición en la que los CUATRO CENTROS INFERIORES y sus distintas partes reaccionan a estímulos inapropiadamente. Algunos ejemplos son: tener un sentimiento emocional al llenar el formulario para la declaración de impuestos; mostrar una reacción lógica ante el desaliento emocional de una persona y moverse con nerviosismo o sentirse enfermo cuando se experimentan emociones desagradables. Dicho funcionamiento incorrecto es el estado normal para la humanidad.

FUNCIONES. CENTROS, con un énfasis mayor en su mecanicidad que en su inteligencia.

GESTACIÓN. Período durante el que una persona trabaja para despertar. El énfasis recae en la idea de que está desarrollándose algo internamente que, cuando madure, hará posible la experiencia de los CENTROS SUPERIORES.

GURDJIEFF, G. I. Griego armenio nacido a finales del siglo diecinueve, que realizó muchos viajes a lo largo del cercano Oriente y el Asia Central, para recolectar el conocimiento esotérico en el que se basa el CUARTO CAMINO. Escapó de Rusia durante el tumulto que siguió a la Revolución y terminó asentándose en París, donde continuó enseñando hasta su muerte, en 1949.

HIDRÓGENO. En general, unidad mínima de cualquier cosa que todavía retiene todas sus propiedades físicas, metafísicas, psicológicas y cósmicas; más específicamente, la energía asociada con una IMPRESIÓN, en tanto afecta a la MÁQUINA humana. Los hidrógenos más elevados tienen una energía rápida y ligera asociada con la percepción y la consciencia; los hidrógenos inferiores tienen una energía pesada, burda y densa que evoca la pesadez y la negatividad.

HOMBRE NÚMERO CINCO. Persona cuyo CENTRO DE GRAVEDAD es el centro emocional superior. Los hombres número cinco son completamente objetivos sobre sí mismos.

HOMBRE NÚMERO CUATRO. Específicamente, persona en una escuela del despertar; en general, persona que trabaja para despertar y que se comprende a sí misma lo suficientemente bien como para empezar a separarse de su CENTRO DE GRAVEDAD mecánico y reemplazarlo por un "centro de gravedad" en el trabajo. Esto quiere decir que los hombres número cuatro reaccionan a los estímulos sobre la base de la relación con su meta de despertar, en lugar de sobre la base de uno de los CENTROS INFERIORES.

HOMBRE NÚMERO DOS. Persona cuyo CENTRO DE GRAVEDAD es el centro emocional. Los hombres número dos se ven dominados por sus atracciones y repulsiones.

HOMBRE NÚMERO SEIS. Persona cuyo CENTRO DE GRAVEDAD es el CENTRO INTELECTUAL SUPERIOR. Los hombres número seis tienen una visión objetiva tanto de sí mismos como del mundo.

HOMBRE NÚMERO SIETE. Persona que ha conseguido todo lo que un ser humano puede alcanzar. Los hombres número siete poseen unidad y tienen voluntad y consciencia, independientes de cualquiera de sus FUNCIONES.

HOMBRE NÚMERO TRES. Persona cuyo CENTRO DE GRAVEDAD es el centro intelectual. La razón, la lógica y las ideas son más importantes para los hombres número tres que para los demás.

HOMBRE NÚMERO UNO. Persona cuyo CENTRO DE GRAVEDAD es el CENTRO MOTOR o el INSTINTIVO.

IDENTIFICACIÓN. (1) Estado en el que toda la atención de una persona se concentra en una sola cosa, con exclusión de todo lo demás; lo opuesto a separación. (2) Tendencia que tiene especialmente la FALSA PERSONALIDAD, de poner la identidad en lo que está fuera del verdadero sí mismo.

IMAGINACIÓN. (1) Estado en el que la atención de una persona se entrega a lo que no está presente en el momento, a menudo acompañado por una total carencia de atención hacia el entorno inmediato; lo opuesto a ESTAR PRESENTE. (2) Condición de creer que algo es cierto cuando no es; se usa a menudo en la expresión *to be in imagination*, «estar en imaginación».

IMPRESIÓN. En general, todo pensamiento, sentimiento o sensación, más específicamente, percepciones que se reciben mediante los sentidos.

INFLUENCIA A. Influencias ejercidas sobre una persona, que surgen como consecuencia de la vida en la Tierra. En general, dichas influencias incluyen cosas como necesidad de comida, alojamiento, descanso y sexo; relaciones entre padres, hijos, cónyuges y amigos; la influencia de la sociedad y la cultura. Más específicamente, en los tiempos modernos, el énfasis recae en desear posesiones materiales y una posición social.

INFLUENCIA B. Influencias ejercidas sobre una persona, tales como la religión y el esoterismo, que no están conectadas directamente con la vida en la Tierra y que apuntan hacia otras formas de existencia. Tales influencias tienen su origen en SERES CONSCIENTES, pero dejan de calificarse como INFLUENCIA C tan pronto como pierden su conexión directa con un origen consciente.

INFLUENCIA C. (1) La influencia directa de los seres conscientes. (2) Seres conscientes sin cuerpo físico, que trabajan directamente para ayudar a la gente que está intentando despertar.

INFRASEXO. Utilización de la energía sexual con propósitos no conectados con la procreación o la regeneración; por ejemplo, su utilización para la gratificación personal o para influir en los demás.

INGENUIDAD. RASGO caracterizado por una relativa falta de capacidad para observar los aspectos desagradables de la vida y las consecuencias potencialmente dañinas o negativas de nuestros actos.

INSINCERIDAD INTENCIONAL. Práctica de decir algo que no es estrictamente cierto, en circunstancias en que no puede causar daño a nadie, con objeto de favorecer una meta.

INTERVALO. En general, puntos de una OCTAVA en los que el movimiento entre acontecimientos se hace más lento y la octava puede desviarse. El término se utiliza más a menudo para designar los momentos en los que se necesita un esfuerzo adicional para avanzar en un proyecto, y en los momentos de confusión y duda que caracterizan la pérdida de dirección en los esfuerzos que una persona realiza para despertar.

INTERVALO «MI-FA». Primer intervalo en una OCTAVA ascendente; por ejemplo, el intervalo entre realizar los planes para un proyecto y el comienzo del trabajo en sí. En general, el intervalo «mi-fa» es más fácil de superar que el «si-do».

INTERVALO «SI-DO». Intervalo al final de una octava ascendente; por ejemplo, la lucha por completar un proyecto hasta su estado final y por atar todos los cabos sueltos.

JOVIAL. TIPO DE CUERPO. En la circulación de tipos, el que se encuentra entre el MARCIAL y el LUNAR. Su MÁXIMA ATRACCIÓN es el MERCURIAL.

LEY DE OCTAVAS. Descripción de cómo cualquier secuencia de sucesos llega a perder su dirección o fuerza. También conocida como la «Ley de siete», esta ley está plasmada tanto en el Eneagrama de Gurdjieff como en la escala musical mayor. En la segunda, cada nota corresponde a un acontecimiento de la secuencia, en la cual los semitonos mi-fa y si-do representan INTERVALOS donde se retarda el progreso de un suceso a otro y donde ocurrirá una desviación o interrupción, a menos que un choque se aplique desde fuera de esa octava. Las octavas pueden ser ascendentes, o sea, ir desde manifestaciones más mecánicas y limitadas hacia manifestaciones más intencionales, conscientes y flexibles, o pueden ser descendentes, en cuyo caso las manifestaciones van desde las más conscientes y con mayor potencial hacia las más mecánicas y fijas.

LÍNEAS DE TRABAJO, TRES. Trabajo sobre sí mismo (PRIMERA LÍNEA), trabajo para y con los demás (SEGUNDA LÍNEA) y trabajo para el maestro o la escuela (TERCERA LÍNEA). La enseñanza de Robert Burton enfatiza la necesidad de equilibrar las tres líneas.

LUNAR. TIPO DE CUERPO que se encuentra entre el JOVIAL y el VENUSINO, en la circulación de tipos. Su MÁXIMA ATRACCIÓN es el SATURNINO.

LUNATISMO. RASGO basado en la incapacidad para reconocer el valor relativo de las cosas. Se manifiesta como la tendencia a conferir demasiada importancia a cuestiones triviales y demasiado poca a las realmente importantes.

MÁQUINA, LA. El cuerpo físico y los CUATRO CENTROS INFERIORES que lo componen, desde el punto de vista de que toda la actividad ocurre automática y mecánicamente en respuesta a estímulos.

MARCIAL. TIPO DE CUERPO que se encuentra entre el SATURNINO y el JOVIAL, en la circulación de tipos. Su MÁXIMA ATRACCIÓN es el VENUSINO.

MÁXIMA ATRACCIÓN. Tendencia a que exista una atracción especialmente fuerte entre TIPOS DE CUERPO que están a tres tipos de distancia en la circulación de tipos. Estos tipos son opuestos en ciertos aspectos y la relación entre ellos es a menudo agitada.

MAYORDOMO. Grupo de «yoes» que crece a partir del MAYORDOMO DELEGADO y, en general, es capaz de observar la MÁQUINA y controlarla de acuerdo con la meta de despertar.

MAYORDOMO DELEGADO. Grupo de «YOES», mayor que el «YO» OBSERVADOR y menor que el MAYORDOMO, que observa la MÁQUINA e intenta dirigirla de acuerdo con la meta de despertar.

MENTE FORMATORIA. En general, se refiere a las respuestas automáticas, irreflexivas, con arreglo a determinados moldes o formas; más específicamente, la actividad automática de la PARTE MECÁNICA del CENTRO INTELECTUAL.

MERCURIAL. TIPO DE CUERPO que se encuentra entre el VENUSINO y el SATURNINO, en la circulación de tipos. Es la MÁXIMA ATRACCIÓN del JOVIAL.

MICROCOSMOS. Ser humano considerado como un cosmos, es decir, como una imagen de patrón fundamental del universo.

MIEDO. RASGO que tiene su origen en un sentimiento de inseguridad e impotencia. Normalmente se manifiesta como timidez a la hora de actuar y una preocupación exagerada acerca de las consecuencias potencialmente dañinas o perjudiciales.

MUNDOS 96, 48, 24, 12 Y 6. Los diferentes niveles del RAYO DE LA CREACIÓN. En términos psicológicos, el MUNDO 96 representa el nivel de la FALSA PERSONALIDAD; el MUNDO 48, el nivel de la VERDADERA PERSONALIDAD; el MUNDO 24, el nivel de la ESENCIA; el MUNDO 12, el nivel del CENTRO EMOCIONAL SUPERIOR, y el MUNDO 6, el nivel del CENTRO INTELECTUAL SUPERIOR.

NEGATIVIDAD. Cualquier expresión negativa de los CUATRO CENTROS INFERIORES, especialmente cuando se ven acompañadas por una EMOCIÓN NEGATIVA. Las posturas negativas o amenazadoras, el quejarse y el chisme son ejemplos de negatividad.

NICOLL, MAURICE. Estudiante de Ouspensky que dirigió sus propios grupos en Inglaterra, durante los años cuarenta. Escribió una serie de libros, entre los cuales Robert Burton ha reconocido el valor especial de

Comentarios psicológicos de las enseñanzas de Gurdjieff y Ouspensky.

NIVEL DE SER. Grado de consciencia. Las personas con un nivel de ser superior son más conscientes, están más despiertas que las de un nivel de ser inferior; en consecuencia, tienen mayor capacidad para recordarse a sí mismas.

NO EXISTENCIA. RASGO caracterizado por la falta de valoración de sí mismo y también por la ausencia relativa de actividad interna que genera la tendencia a vivir a través de los demás.

OBRA, LA. Secuencia de acontecimientos observada desde el punto de vista de todos los sucesos que ocurren bajo la dirección y el control de las fuerzas superiores, o la Influencia C, que en este sentido son los autores de "la obra".

OCTAVA. A menudo, término usado para referirse a una actividad o proyecto, como un recordatorio de su conexión con la LEY DE OCTAVAS.

OCTAVA ASCENDENTE. OCTAVA en la que se produce crecimiento desde un grado más mecánico hacia algo más intencional o consciente; por ejemplo, la transformación de trozos de madera, a los que se da forma y propósito, en una mesa. Las octavas ascendentes se caracterizan por necesitar esfuerzos, especialmente en los INTERVALOS.

OCTAVA DESCENDENTE. OCTAVA cuyas manifestaciones pasan de ser más conscientes y flexibles a ser más rígidas y mecánicas, con una pérdida resultante de posibilidades. Las octavas descendentes tienen una inercia propia y, normalmente, requieren poco esfuerzo externo. Los INTERVALOS se manifiestan más bien como momentos donde existe la posibilidad de interrumpir o desviar la OCTAVA con un CHOQUE exterior, en lugar de momentos donde se requiere energía adicional para mantener la OCTAVA.

OCTAVA LATERAL. OCTAVA menor que comienza en una OCTAVA mayor, para sobrepasar un INTERVALO de la OCTAVA mayor. Por ejemplo, un INTERVALO en un proyecto de construcción puede manifestarse en la falta de material, en cuyo caso la octava lateral necesaria sería encontrar un proveedor, realizar un pedido y recibir la entrega de dicho material. Existe el peligro —especialmente en las octavas psicológicas, como las asociadas con el recuerdo de sí— de que perdamos de vista la OCTAVA principal y, siguiendo la octava lateral, nos desviemos de la meta original.

OUSPENSKY, P. D. Estudiante de Gurdjieff, de nacionalidad rusa. Escapó de Rusia con Gurdjieff durante la Revolución, pero luego se separó de él para establecer su propia escuela en Londres, donde enseñó hasta su muerte en 1947. Sus libros, *Fragmentos de una Enseñanza Descono-*

cida, El Cuarto Camino y *Psicología de la posible evolución del hombre*, son la base de la enseñanza de Robert Burton.

PARTE EMOCIONAL. Parte de un CENTRO, en la que la atención se mantiene mediante un estímulo. En la parte positiva se experimenta como placer, diversión, atracción; en la parte negativa, como incomodidad, disgusto y repulsión.

PARTE INSTINTIVA. Parte de un CENTRO, que funciona más automáticamente y satisface las necesidades más básicas de dicho centro.

PARTE INTELECTUAL. Parte de un CENTRO, que funciona cuando se realiza un esfuerzo para controlar y dirigir la atención. Es la inteligencia más alta en dicho centro.

PARTE MECÁNICA. Las partes motriz e instintiva de un CENTRO.

PARTE MOTRIZ. Parte de un CENTRO, que funciona automáticamente, sin atención, pero que se dirige más al exterior que la parte instintiva.

PARTES DE LOS CENTROS. Las subdivisiones de los CUATRO CENTROS INFERIORES.

PODER. RASGO caracterizado por la preocupación acerca de la habilidad para dirigir, controlar o influenciar las actividades de otros. La gente con este rasgo es normalmente extrovertida y tiende a tener actitudes de alguna manera manipuladoras y políticas.

PRIMER ESTADO. Estado de consciencia, normalmente llamado sueño.

PRIMERA FUERZA. Fuerza o elemento que inicia un cambio de acción.

PRIMERA LÍNEA DE TRABAJO. Esfuerzos realizados para conseguir el propio despertar: trabajo sobre sí.

RASGO. Actitudes fundamentales de la personalidad, hacia uno mismo y la relación con el mundo, junto con todos los mecanismos psicológicos necesarios para mantener y expresar esas actitudes. En la enseñanza de Robert Burton, los rasgos principales son: la VANIDAD, el PODER, el DOMINIO, la NO EXISTENCIA, la AVARICIA, el de VAGABUNDO, el MIEDO, la INGENUIDAD, la TESTARUDEZ y el LUNATISMO. Para cada persona, uno de ellos es el RASGO PRINCIPAL; uno o dos de los demás se expresan con frecuencia y existen indicios de los rasgos restantes.

RASGO PRINCIPAL. RASGO más pronunciado de una persona. Por ser el núcleo de la FALSA PERSONALIDAD, determina la forma en que las personas se ven a sí mismas y el mundo, y afecta prácticamente todos sus actos. Otros RASGOS de la personalidad sirven para apoyar el rasgo principal y generar TOPES en torno a él.

RAYO DE LA CREACIÓN. Representación del universo como una composición de mundos de niveles inferiores contenidos en mundos de niveles superiores. El Rayo comienza con el Absoluto y termina con la Tierra y la Luna. A los mundos por debajo (o dentro) del Absoluto se los denomina con los números 3, 6, 12, 24, 48 y 96, lo cual refleja la creciente complejidad y mecanicidad de la existencia en esos mundos.

RECURRENCIA. Teoría de que las almas que no evolucionan durante una vida vuelven a nacer esencialmente a la misma vida. Esta teoría difiere de la teoría de la reencarnación en tanto no supone una transmigración de las almas de una forma de existencia a otra.

REINA. La parte emocional de un centro.

REINA DE CORAZONES. Parte emocional del CENTRO EMOCIONAL. Se caracteriza por tener emociones extremas y frecuentemente incontroladas.

RELATIVIDAD. Práctica de considerar algo, tal como un suceso, o a alguien, desde distintos puntos de vista. Es lo opuesto a la IDENTIFICACIÓN, en la cual toda la percepción queda atrapada en un solo punto de vista.

RENACIMIENTO (RENAISSANCE). Ver APOLO (APOLLO).

REUNIONES. Reuniones que se mantienen con regularidad en la Fraternidad de Amigos, para hablar de las ideas del SISTEMA y su aplicación a los esfuerzos de los miembros para el despertar. Por lo general, un miembro relativamente antiguo dirige las reuniones y pide que se formulen preguntas a las que todos los presentes contestan con "ángulos de pensamiento".

REY. PARTE INTELECTUAL de un CENTRO.

REY DE CORAZONES. PARTE INTELECTUAL del CENTRO EMOCIONAL. Se lo denomina umbral de los centros superiores, porque puede experimentar la vida —si se lo prepara adecuadamente— de una forma no literal, simbólica, muy próxima a la experiencia del centro emocional superior.

REY DE DIAMANTES. PARTE INTELECTUAL del CENTRO INTELECTUAL. Es la sede del pensamiento lógico e intencional dirigido hacia un fin específico.

SATURNINO. TIPO DE CUERPO que se halla entre el MERCURIAL y el MARCIAL, en la circulación de tipos. Su MÁXIMA ATRACCIÓN es el LUNAR.

SEGUNDA FUERZA. Fuerza o elemento que equilibra la PRIMERA FUERZA, en el sentido de que se le opone o recibe su acción.

SEGUNDA LÍNEA DE TRABAJO. Esfuerzos realizados para ayudar a otros miembros de la escuela: trabajo con otros estudiantes.

SEGUNDO ESTADO. Estado de consciencia ordinario, para la mayoría de las personas, en el cual actúan y reaccionan con poca o ninguna percepción de sí mismas, esto es, sin el recuerdo de sí. Por esta razón se lo llama "sueño".

SEPARACIÓN. Práctica de mantener un sentido de sí mismo separado de nuestras acciones, del entorno o de las experiencias; aspecto del recuerdo de sí que implica retirar de las experiencias propias una parte de la atención y usarla para darse cuenta de lo que, dentro de nosotros, registra o se da cuenta de esas experiencias. El énfasis está puesto en el hecho de que la parte que registra la experiencia no está directamente involucrada o afectada por ella.

SER. La masa o el efecto acumulado de la experiencia directa; más específicamente, en relación con el despertar, la habilidad de experimentar y participar conscientemente en nuestra propia vida. En la enseñanza de Robert Burton, esto equivale a la habilidad de recordarse a sí mismo. Se dice que una persona tiene ser en un campo determinado, cuando ha acumulado experiencia en dicho campo, en contraposición con la mera adquisición de conocimiento. Por ejemplo, las personas que tienen ser cuando cocinan son capaces de hacer algo más que seguir una receta de cocina; conectan muchas partes de sí mismas en la preparación de la comida y, de esta forma, son más creativas.

SER CONSCIENTE. Persona que al menos ha adquirido el nivel de un HOMBRE NÚMERO CINCO y que, por lo tanto, ha creado cuerpos superiores y ha desarrollado un estado de consciencia ininterrumpida, independiente del cuerpo físico. Este término se utiliza para denominar a dichos seres, tanto antes como después de la muerte de su cuerpo físico.

SÍ MISMO, EL*. CENTROS SUPERIORES, especialmente contemplados desde el punto de vista de su independencia de todo lo externo a ellos.

SISTEMA, EL. Ideas de G. I. Gurdjieff, especialmente como fueron expuestas por P. D. Ouspensky y sus principales seguidores.

SOLAR. TIPO DE CUERPO que no pertenece a la circulación de tipos y, por lo tanto, puede encontrarse combinado con cualquiera de los otros tipos. No tiene MÁXIMA ATRACCIÓN.

SOTA, JACK. PARTE MECÁNICA de un CENTRO.

SUFRIMIENTO INNECESARIO. Sufrimiento que podría evitarse mediante un comportamiento más inteligente; en particular, sufrimiento que resulta de la IMAGINACIÓN o la IDENTIFICACIÓN y que, por lo tanto, no ocurriría en estados más elevados de consciencia.

SUFRIMIENTO VOLUNTARIO. Práctica de crear una incomodidad o molestia

---

NOTA:

Traducción del término "the self" en inglés. Al no existir en castellano un equivalente claro y plenamente satisfactorio del término "the self", se ha optado por "el sí mismo", expresión que, aunque pueda resultar novedosa, permite transmitir el significado esotérico. (N. del T.)

relativamente pequeña, para que interrumpa nuestro estado normal y nos devuelva al recuerdo de sí.

TABLA DE HIDRÓGENOS. Tabla, descrita con detalle en los libros *Fragmentos de una enseñanza desconocida* y *El Cuarto Camino*, que relaciona energías, materias, objetos y cualquier otra manifestación con el nivel cósmico del que proceden, de acuerdo con sus HIDRÓGENOS.

TERCER ESTADO. Estado de consciencia, inducido por los esfuerzos realizados para recordarse a sí mismo, en el cual un hombre SE SEPARA de su personalidad y se observa a sí mismo objetivamente. Se caracteriza por un darse cuenta de sí mismo y por la ausencia de IDENTIFICACIÓN e IMAGINACIÓN, pero carece de la habilidad de ser plenamente objetivo acerca del mundo externo.

TERCERA FUERZA. Fuerza o elemento cuya presencia permite que la tensión entre la PRIMERA y la SEGUNDA FUERZAS pueda resolverse.

TERCERA LÍNEA DE TRABAJO. Esfuerzos realizados para servir al maestro, a la escuela, a los seres conscientes o al trabajo de despertar, en general.

TESTARUDEZ. RASGO basado en sentimientos de impotencia, que se expresa como un deseo de asirse a lo que se tiene y de resistir al cambio, como único medio de evitar ser arrastrado por el fluir de los acontecimientos.

TIPO DE CUERPO. Sistema descripto por Rodney Collin y elaborado por Robert Burton, que clasifica las máquinas humanas en siete tipos básicos. Conecta el cosmos del individuo con el cosmos del sistema solar, mediante la relación entre las glándulas endocrinas del cuerpo humano y los cuerpos celestes visibles del sistema solar. Los tipos toman el nombre de dichos cuerpos celestes. Esta progresión, llamada también circulación de tipos, comienza con el tipo LUNAR, continúa con el VENUSINO, el MERCURIAL, el SATURNINO, el MARCIAL y el JOVIAL, para volver al LUNAR. El séptimo tipo, el SOLAR, existe aparte de la progresión y puede aparecer en combinación con cualquiera de los otros tipos. La progresión de tipos también puede utilizarse como la forma en que una persona puede desarrollar las características del tipo siguiente para equilibrar o minimizar las debilidades del tipo que le precede. Para obtener una descripción más completa, véase *El desarrollo de la luz,* de Rodney Collin.

TOPE. Mecanismo psicológico que nos impide experimentar la realidad del momento presente y ver nuestra verdadera condición mecánica; en particular, mecanismo gracias al cual la FALSA PERSONALIDAD protege nuestra imagen imaginaria.

TOPEAR. Usar un tope, como en la expresión "topear una situación desagradable".

TRANSFORMACIÓN DE IMPRESIONES. Práctica de utilizar el recuerdo de sí para atraer la atención a las impresiones que se reciben y, por lo tanto, hacerlas más emocionales y elevarlas a un nivel superior.

TRANSFORMACIÓN DEL SUFRIMIENTO. Práctica de SEPARARSE del sufrimiento y experimentarlo de manera que pueda ser aceptado libremente, sin NEGATIVIDAD. En su expresión más alta, la transformación implica la actividad de los CENTROS SUPERIORES y genera fuertes experiencias de consciencia elevada.

VAGABUNDO, RASGO DE. RASGO caracterizado por la incapacidad para valorar tanto cuestiones físicas como psicológicas. Para el rasgo de vagabundo nada es demasiado importante; no hay necesidad de apurarse y es perfecto "dejarse llevar" por la corriente de los acontecimientos.

VANIDAD. RASGO caracterizado por la preocupación por uno mismo y, particularmente, por cómo uno aparece ante los demás. Puede tener una manifestación interna, como la autocompasión y el autodesprecio, o externa, como los intentos para atraer la atención de los demás.

VENUSINO. TIPO DE CUERPO que se encuentra entre el LUNAR y el MERCURIAL, en la circulación de tipos. Su MÁXIMA ATRACCIÓN es el marcial.

VERDADERA PERSONALIDAD. Personalidad basada en la comprensión de nuestra ESENCIA y las necesidades del trabajo y que, por lo tanto, fomenta y sirve tanto a la esencia como al trabajo; se opone a la FALSA PERSONALIDAD, que es contraria a las verdaderas necesidades de la esencia y el trabajo.

VERIFICAR. Convencerse de la verdad de las ideas del SISTEMA, por medio de la experiencia personal directa. El énfasis está en la idea de que se requiere más, aparte de la actividad intelectual.

VIDA. Actividad humana no asociada con una escuela del despertar. En particular, las personas de la vida son aquéllas que no están en una escuela, y las influencias de la vida son las que recaen sobre un estudiante y provienen de fuera de la escuela.

VIDAS, MUCHAS. Las distintas vidas que un alma RECURRENTE puede atravesar.

VIDAS, NUEVE. Las nueve vidas que un alma en evolución puede atravesar, antes de escapar del plano físico de la existencia, en la novena.

"YO" OBSERVADOR. Grupo reducido de "YOES" que observa a la máquina desde el punto de vista del SISTEMA; el comienzo de la OBSERVACIÓN DE SÍ y la primera etapa del despertar.

"YOES". Pensamientos, emociones y sensaciones de corta duración que tomamos por una expresión de nosotros mismos en el momento en que ocurren, en especial a través de su expresión en el CENTRO INTELECTUAL. La gente tiene un gran número de "yoes", muchos de los cuales son contradictorios, pero normalmente no se dan cuenta de ello.

"YOES" DE TRABAJO. "YOES" que le recuerdan a una persona realizar esfuerzos para continuar con su trabajo de despertar.

ÍNDICE

Nada es recuerdo de sí completo sino

el sí mismo recordando.

Debe originarse en la parte intelectual del

<u>centro emocional.</u>

P.P. 34   P.P. 44

Proceso creativo que requiere del rey de diamantes.

- Herramienta de sufrimiento voluntario (choque) Adoptar

una posición incomoda.

El recuerdo de sí es dividir la atención.

La única forma de transformar el sufrimiento
        es <u>aceptarlo</u>

- Escuchar Música
. Evitar Charlas
- observar cuando se come
- voltear cada 3 segundos
- esfuerzos, más esfuerzo
- "limitar a la bestia"
- Al hacer planes utilizad sufrimiento voluntario
- Irritar continuamente a la máquina
- Leer, utilizar el centro motor, considerar a externa - a otro

FELLOWSHIP OF FRIENDS
www.go-c.org

La Fellowship of Friens fue fundada y es dirigida por Robert Earl Burton. Es una escuela del Cuarto Camino en la tradición de Gurdjieff y Ouspensky, con sede en Apollo, una comunidad situada en las faldas de la Sierra Nevada, en California. Existen centros de enseñanza en las principales ciudades del mundo:

- BUENOS AIRES www.rha.com.ar/cuarto_camino
  - T.E. 54-11-4711-9076
- SAO PAULO   55 (0800) 771-7550
- MEXICO CITY   52 (55) 55752760
- SANTIAGO DE CHILE   56-2-239-2344
- MADRID   34 (606) 804635
- NUEVA YORK   1 (212) 642-8173
- LONDRES   44 (20) 8347-5353
- PARIS   33 (1) 4532-7774
- ROMA   39 (06) 8632-0819
- MOSCU   7 (095) 290-5093

Si tiene interés en obtener información adicional sobre el trabajo de la Fellowship o sobre los detalles para inscribirse en la misma, puede comunicarse con:

THE FELLOWSHIP OF FRIENDS
Post Office Box 100
Oregon Hause, California 95962
USA
(916) 692 22 44

*M*ibros
IMPRESIONES

Este libro se terminó de imprimir en
octubre de 2003. Tel.: (011) 4204-9013
Gral. Vedia 280 Avellaneda
Buenos Aires - Argentina
Tirada 1000 ejemplares